U556170

帮助100万家
中国企业实现
现金流转型

《创新式增长》策略班
——冲出重围5.0

老板要学会的27种盈利模式

王冲 朱权鑫 ◎ 著

中国商业出版社

图书在版编目（CIP）数据

老板要学会的27种盈利模式 / 王冲, 朱权鑫著. --
北京：中国商业出版社, 2024.1
ISBN 978-7-5208-2868-0

Ⅰ.①老… Ⅱ.①王… ②朱… Ⅲ.①盈利－商业模式 Ⅳ.①F715.5

中国国家版本馆CIP数据核字(2024)第012948号

责任编辑：郑　静

策划编辑：刘万庆

中国商业出版社出版发行
（www.zgsycb.com　100053　北京广安门内报国寺1号）
总编室：010-63180647　　编辑室：010-83118925
发行部：010-83120835/8286
新华书店经销
香河县宏润印刷有限公司印刷

*

710毫米×1000毫米　16开　14.75印张　180千字
2024年1月第1版　2024年1月第1次印刷
定价：88.00元

****

（如有印装质量问题可更换）

前 言

老板是一群特立独行的物种，一把手的修为就是不抱怨，周围所有人都有退缩的可能。但再小的老板也是领军者，注定没有退路。

老板要学的人，是高尔基笔下的丹柯。在族人群体陷入黑暗的时候，面对不理解，丹柯掏出了自己的心，燃烧自己的心照亮大家的前途。他将自己的心高高举起，带着族人冲破了黑暗，到达了光明地带。这就是领导力，这就是领导者，既是宿命，也是他自己选择的路。

当下，确实有很多老板在抱怨，钱难赚了。一切产品几乎都在过剩，一切渠道都在推高成本，企业运营的节奏越来越快，很多竞争对手都在做无底线的低价竞争……所以，现在的企业无解，坚持一天是一天。在内心里，老板们似乎已经萌生了退意。每到这里，作为老板的咨询者和伙伴，我都想说："要不得"！接着我就会说出我的话："保持开放，市场经济永远都有解！"今天的抱怨，多数情况下都是五年前犯下的错误，成熟的商业跨周期者，会为商业模式的转换留下足够的时间和空间。他们问我：既然已经失去了最佳的变革时间，是否还有其他的方式，能够帮助我们快一点扭转不利局面？

稻盛和夫在接手东京航空的时候，企业已经到了破产的边缘，问题错综复杂，怎么办？在短短一两个月时间内，稻盛和夫就和3万多名干部员工握手问计：我们出了什么问题？我们该怎么办？70岁的老人，如此勤勉地调研，当一幅完整的企业经营图像了然于心的时候，企业的变革方案几乎已经涌现出来了。

那些陷入困境的老板，抱怨很多的老板，很少是热爱自己所从事事业的人。他们可能觉得赚钱是正事，组织和人是副产品。秉持这样思维的人，企业里一定有很多事情他不知道该怎么干，很多关于企业的本质问题他根本没有理解透。人不要待在同质化的圈子里太久，陈旧的信息会相互强化，老板应该走出去，和员工谈，和客户谈，和管理顾问谈，和投资者谈，没有精细彻底的调查，所有的经营方案可能都是错的。

利润是稀薄的资源，什么时候都不好赚，什么时候都需要付出极大的努力。但在今天，到底有没有快速的变革方案？答案就在这里：所有的利润都在模式里。市场里总有在困境之中走出来的老板，有很多的最佳实践，可以总结出一系列可以借鉴的模式组合。有的老板就问："复制这样的模式行不行？"我觉得应该引用硅谷创业之父保罗·格雷厄姆的一句话："最新颖的创意看起来像模仿。"将一个商业模式从一个领域引入另一个领域，是最强大的复制之道。活学活用市场的最佳实践，形成新的模式组合，形成自己的独特生存方式，这就是本书想要和大家分享的商业模式组合。

把最适合自己的商业模式移植过来，加上自己的独特创造性，积极跟进客户，老板们就一定会发现，还是这些人，还是这些资源，导入企业最为擅长的方向时，奇迹就会发生。这就是商业模式变革的底层逻辑。

本书撰写的初衷是为了告诉老板，在当下的经济环境下，你该如何赚钱。本书将深入探讨赚钱的底层逻辑，为读者揭示商业真相，让每个人的赚钱之路更加明晰。

通过阅读本书，让老板了解并运用这些底层逻辑，将有助于你在商业活动中作出明智的决策，实现可持续的盈利。在创业、投资过程中，了解并运用这些逻辑，将使我们成为商业世界中的赢家。

目录

1. 认知以外盈利模式
老板要赚认知以外的钱 / 2
你给钱的人与给你钱的人 / 4
自己的钱与别人的钱 / 7
看清趋势与选对赛道 / 11

2. "免费"赚钱盈利模式
免费是实现价值点的转移 / 16
美发店全年免费理发，净赚1000万元 / 19

3. 包装项目盈利模式
小老板卖产品，大老板卖项目 / 24
让产品成为项目并快速变现 / 27

4. 颠覆商业模式的盈利模式
商业模式决定商业行为 / 32
全球六大商业体系拆解 / 35

5. 流量费盈利模式
六种流量，你到底缺哪种流量 / 40
客源、客流，获取流量的六种方法 / 42

6.会员费盈利模式

会员卡实现"盈利点的偏移" / 48

会员费设计，三大会员充卡法 / 50

7.一次性付费盈利模式

知识变现，不付费免听、免看 / 54

一次性付费，获得永久收益 / 56

8.持续性付费盈利模式

持续性付费的底层逻辑 / 60

裂变，从消费者到消费商 / 62

如何锁定用户持续付费 / 65

9.赞助费盈利模式

赞助目的是"赚钱" / 68

冠名赞助的背后势能 / 70

赞助商五大赚钱策略 / 72

10.服务费盈利模式

服务就是扮演"中间商" / 76

搭建服务平台进行价值变现 / 78

服务费模式的核心是创造价值 / 81

11.中介费盈利模式

世界上最大的公司是中介 / 84

任何行业都绕不过中介 / 86

通过收入链，赚取中介费 / 88

12.参观费盈利模式

收费景区干不过免费景区 / 92

免费参观打造现象级"网红" / 94

收取参观费的盈利模式 / 96

13.招商盈利模式

招商模式七大流程拆解 / 100

负债不可怕,只要老板有想法 / 102

招的不是代理商,而是合伙人 / 105

14.保证金盈利模式

保证金进行快速裂变 / 108

让加盟商跟着你赚钱 / 109

15.合伙金盈利模式

茶园合伙人模式设计 / 112

如何设计招商合伙人方案 / 113

16.优秀员工盈利模式

华为给天才开出天价薪水 / 118

钱在哪里,心就在哪里 / 119

17.优秀股东盈利模式

引入股东的四大核心模式 / 124

好兄弟也会变成仇人 / 125

引入互补型战略性股东 / 127

18.渠道商盈利模式

直播带货时代同样渠道为王 / 130

渠道创新，思维破局 / 132

渠道商帮你做分销和裂变 / 134

19.供应链盈利模式

老板要学会赚供应链的钱 / 138

打通供应链赚取 5000 万元 / 140

整合上下游赚后端的钱 / 143

20.产品增值盈利模式

越是高端越不要谈价格 / 146

哪些产品适合做爆品 / 148

如何进行产品分类和切割 / 151

21.产品时空盈利模式

"45 天后发货"的秘密 / 156

做反季商品，时差赚钱 / 157

利用地域差、空间赚钱 / 159

22.产品金融化盈利模式

用金融的思维做生意 / 162

由卖产品变为卖方案 / 165

打通上下游利益链 / 168

23.资本融资盈利模式

高级的融资不涉及企业"三权" / 172

项目融资可以复利获利 / 176

24.资本溢价盈利模式

做大商机，做大企业 / 182

做大企业，价值变现 / 185

25. 交叉补贴盈利模式

通过资源配置，实现交叉盈利 / 190

通过交叉补贴，赚看不到的钱 / 194

26. 政策性补贴盈利模式

政策红利是最大的财富风口 / 200

没有英雄的时代，只有时代的英雄！ / 203

合理规划，增加企业财富收益 / 207

27. 绿色生态盈利模式

绿水青山就是金山银山 / 212

未来最赚钱的绿色赛道 / 216

1. 认知以外盈利模式

> 做生意最不缺的是资源、资金和人才，缺的是认知！老板这一生最值钱的不是厂房、土地、人脉、资源关系，而是今生坚信自己一定会成功的信念。
>
> ——王冲

老板要赚认知以外的钱

从来到世界的那一刻起，我们所在的家乡环境、父母身份、教育资源，以及亲戚朋友等就一起构成一个包围圈，将我们牢牢圈在里面。我们感知不到这个圈的存在，很少有人会想要摆脱这个圈，却不知最难突破的就是这个圈，从来都没想过要突破自己的认知层次。

比如，穷人为什么会一直穷？就是因为他们一直都在重复昨天的生活，无法迎接明天的挑战，他们的生活轨迹早已由过去三年到五年的选择所决定。很少有人知道，只有刷新认知的新模式，打开思维，才能摘掉"穷人"的帽子。

其实，人生所有的厌倦和焦虑，都源于那个一成不变的自己。普通人只能看到某个频率范围内的颜色，只能听见某个频率范围内的声音，很少有人能看到红外线和紫外线，更听不到超声波和次声波，但它们却广泛存在。同一套思维，一用就是几十年，日复一日，年复一年，最后连自己都看腻了，更何况是身边的人？只有改变认知，打开超能力，才能感应到常人无法感应的东西。

第一，只有改变认知模式，才能赚到认知以外的钱。

普通人的认知完全受周边的环境所影响，比如，看到别人在拼多多上开店赚钱，就跟着别人在线上卖商品；看到别人跑网约车赚钱，自己也去跑网约车……如此这般，怎么能够赚到钱？

再如，选择行业时，看到或听到某人在某领域赚了钱，就一下子涌向那个领域，结果行业饱和，行业内卷，搞得大家都不好做，只能在自己熟悉的领域里摸爬滚打。以至于很多老板一直都在一个小圈子里打转，每天都在重复昨天、重复自己，作茧自缚，结果有些人创业三个月就失败了；有的人企业虽然发展起来却不懂得更新思维，活活将自己困死了。

心若不能栖息，到哪都是流浪；思维走不出牢笼，到哪都是囚徒。认知由思维决定！只有改变认知模式，才能让自己挣到钱。

最近出现了一家商业模式创新的公司叫极兔，它的出现把许多快递公司打得一塌糊涂，甚至传统老大顺丰的股价都跌了60%。其实，这家公司的模式非常简单，目标也不是为了赚钱，而是三年亏100亿元。凭借降价抢流法则，极兔大把亏钱，对手被它攻击得看不到方向。结果，它亏完1000亿元，物流倒掉60%，市场都成它的了。既然市场都是极兔的，那它就能慢慢涨价，将亏掉的重新挣回来。

第二，我的商业认知破局秘诀。

我是第一个在互联网上抢到红利的人。2020年2月28日，我第一次在抖音上开账号直播。我把过去的部分课程录成音频，直接在抖音上售卖，499元一个，非常便宜。结果，两个月的时间，我一共卖了2.7万个。而当时，我的线上成本只有2200元，我在互联网上赚到了人生的第一个1300多万元。

赚到这笔钱后，我觉得，哇，抖音太好了！

当时带货非常流行，我决定转行，做直播带货。结果一年后，我不仅成功地败光了这1300多万元，还亏了2000万元。

一个寂静的夜晚，我仰望星空，突然发现，我不就是那颗最亮的星吗？为什么要卖给别人呢？于是，从2022年开始我直接做短视频，卖"自己"！意想不到的是，越卖越火！

人人皆可为尧舜，只不过多数人的修行还远远不够，还没有开悟罢了。

如果想让自己挣到大钱，就要积极更新思维、提高认知水平。这里跟大家简短说几句话，这也是我的商业认知破局秘诀。

> 这个世界最缺的不是资源、资金和人才，而是认知！
>
> 只要你敢卖就有人敢买，想别人所未想，做别人所未做！
>
> 让感情跟随你的思想，不要让思想跟随你的感情！
>
> 人都会被两种感觉控制，即恐惧和贪婪！恐惧让人去挣钱，贪婪让人去花钱！
>
> 成交低端客户只需要不断承诺，成交高端客户只需要不断拒绝！
>
> 杭州西湖收费永远干不过杭州西湖免费！
>
> 把看到的钱分掉，赚背后别人看不到的钱！
>
> 不要所有的产品都赚钱，不要赚所有人的钱！
>
> 引流绝对不能赚钱，只要赚钱，你就输了！
>
> 不是你的产品卖不出去，而是你没给产品修一条卖出去的通道！
>
> 你要的是赚钱，不是靠你的产品赚钱，也不是靠你的店赚钱！
>
> 无知和没有方向的勤奋，会搞垮一个企业，搞垮一个老板！

你给钱的人与给你钱的人

每一个老板都要明白一件事，运营企业实际上就是跟人打交道，而在你的企业里无非就两种人：第一种是你给钱的人；第二种就是给你钱的人。在你的企业，这两种人的占比直接导致了作为老板的你是否有钱。

简单来说，第一种是花你钱的人，比如，公司的员工；第二种是给你钱的人，比如，公司的客户。

所以，当一个企业中，花你钱的人越来越多，但给你钱的人却越来越少，这种情况下，你怎么可能会有钱。反之，给你钱的人越来越多，而花你钱的人越来越少，也就自然而然有钱了。

为什么很多老板付出的时间、精力很大，算得上是兢兢业业，账面也非常漂亮，一个月的营业额能够超百万元，到头来却感觉自己没钱？因为在整个过程中，花你钱的人越来越多，而给你钱的人越来越少，所以你要不停地往里面投钱。最终导致呈现出"一顿操作猛如虎，一看账面没俩钱"的局面。

所以，当你看到这一段时，请你记住一句非常重要的话——要想钱越来越多，必须是给你钱的人越来越多，而花你钱的人越来越少。同时，你需要了解，在企业发展过程中，你给钱的人，叫作招聘；给你钱的人，叫作招商。

而我们也需要知道，对于一个企业而言，团队本身就是一个奢侈品，你的团队是否需要精简呢？你可以根据今年一年你给出的钱去分析一下，是否有必要精简你的团队。

招聘不需要多说，要知道花钱永远比赚钱容易多了，所以我们着重地谈一下"给你钱的人"，也就是招商。

一个老板想要把招商做好是需要具备一些条件和能力的，如果不具备这些条件和能力就很难做好招商。每一个老板都想把自己的项目拿出去，把别人的钱收回来。这个过程，实际上是老板的商业思维决定了他的意识，继而通过意识决定行为，最终通过行为决定结果的过程。

举个例子，如果你想要开一家餐厅，需要100万元的投资，你的自有资金只有20万元，而缺口资金却有80万元，你该如何补齐缺口资金呢？大部分老板用两种方式，一是借款，二是通过股权来做融资。

然而，对于这两种方式，大部分老板都会选其一或都选，这都不是最好的选择。这是因为，这两种方式你都要付出代价。这一点很容易理解：第一种方式借钱还钱，你还要多余给出利息；第二种方式股权到时，是需要付出股份代价的。

那么，更好的方式是什么？

从前面阐述的内容来看，相信你的心里已经有了最佳答案。没错，相比较债权、股权，招商是较好的选择，而更好的选择则是项目融资。所以，当你资金有缺口时，应该按照下面的方式选择：债权＜股权＜招商＜项目融资。

你已经选择通过招商来补齐资金缺口，接下来该怎么做？我说过一个老板想要招商成功，首先是要具备一些条件。

第一个条件：制作一份有效的、完整的招商PPT。在PPT中写清楚你要做的这个项目的原因、动机、目的，以及投资你这个项目对方可以获得的好处、利益等。

第二个条件：制作一份令对方无法拒绝的合作方案。这里面主要展开来说你的项目有多么值得投资人投资，并且要将投资细节写得详细、清楚。

第三个条件：需要一个招商团队。这个团队不是你公司里坐在电脑前摸鱼的团队，而是必须具备引流的能力、变现的能力、裂变的能力等三种能力的团队。团队成员需要在招商过程中为你解决招商的流量从哪儿来、流量来之后如何变现、如何将已变现流量资源再裂变和开发等问题，从而实现招商的成倍增长。

第四个条件：必须有一个完整的招商流程，只有完整的招商流程才会吸引更多投资者的关注。

在已经具备上述条件的前提下，你一定要有正确的立场，你的立场就是站在对方的立场去创造他想要的结果。如果你能够做到这一点，就能实现一场成功的招商。

招商成功就意味着，给你钱的人正在赶来的路上。可能有的老板会提出质疑：招商具备条件中的第三个条件是拥有一个团队，这就意味着作为老板既要进行招聘行为，又要给别人钱了吗？

在这里需要强调一下，作为企业，不可能没有员工。我们上面讲了需要精简你的团队，是精简公司里不重要的岗位，或是一岗多员的现象。因此，并非需要你大刀阔斧地"一刀切"，企业想要正常运营必须有员工各司其职。

在招聘时，我给出的建议是从如何选人、如何用人、如何育人三个方面进行招聘。

"如何选人"指的是选什么样的员工，选什么样的合伙人合作。

"如何用人"是指如何把人用到该用的位置。

"如何育人"是指如何能够帮助员工与企业一同成长。这里注意一下，所谓育人，不只是和颜悦色地教育，批评和开除也是教育一个员工成长的方式。

对于每一位老板来说，做企业就是跟人打交道，赚钱也是在跟人打交道。从"开源节流"这个概念来说，开源就是招商，目的是让你拥有更多给你钱的人；而节流则是招聘，目的是实现花你钱的人越来越少。按照我说的去操作，你会赚到钱。

自己的钱与别人的钱

赚钱肯定是跟钱有关。其实，钱也分两种，第一种叫作自己的钱，第二种叫作别人的钱。

可能有老板看到这里会笑一下，并且会提出质疑："王冲老师，这世界上除了我的钱，都是别人的钱。"

我建议大家继续往下看，这里说的"两种钱"是一个逻辑，是为了让你赚更多钱的逻辑。

> 第一种钱是自己的钱，意思是我用自己的钱，就要自己操心企业的发展。
>
> 第二种钱是别人的钱，意思是我聚集更多人的钱，更多人就要跟我一起操心企业的发展。
>
> 举个例子。如果你的员工把每个月赚的钱都存进了银行里，那么，他希望银行好还是希望银行倒？只要你的员工是个头脑清醒的人，他就会希望银行好，而绝不会盼着银行倒。
>
> 换一个角度，如果你的员工把每个月的钱都存在公司，那么，他会希望公司发展壮大还是希望公司明日倒闭？只要你的员工是个正常人，他自然是希望公司发展壮大。

同样地，如果你的员工没有在你的公司里投入一分钱，那么，公司是发展壮大还是明日倒闭，对他来说都是一样的。看到这里，你作为老板是不是会瞬间醒悟？即你的员工人在你的公司，心未必在；但你的员工钱在你的公司，心必然在。

我们举一个例子。有一家知名电商企业的老板，他在创业时需要50万元的资金，但是这位老板手里仅有22万元。一般来说，大部分老板会想到借贷，借亲戚的钱、贷银行的款。但是，这位老板却直接找来一起创业的员工，募集了28万元创业资金。在创业过程中，没钱交水电费的时候，这位老板也是直接找员工募集。

所以，这个老板手下的老员工大都一直追随他。为什么追随？因为钱都存在公司了，而且员工们都时刻盼着公司好，因为公司好就意味着自己能够拿到更多的钱。钱在一起绑着，心在一起凝聚，人在一起使劲，公司怎么可能不发展！

再说华为。为什么华为的员工都感觉像拧成一股绳一样盼着华为好？公司有9万名员工持股，这些人不仅不走，而且盼着公司越来越好，这样才能够每年赚到更多的钱。他们将赚到的钱再投资公司，更加盼着公司好，于是在工作中就更努力，从而形成了一个闭环模式。

由于工作原因，我需要经常乘坐飞机，有些老板就大为不解："为什么公司高管给王冲老师订飞机票时，只订大型飞机，不订小型飞机？"其实，对于公司高管来说，小飞机很危险，大飞机更安全，如果我在飞机上出事了，员工们投资的钱就没了。所以，员工为了自己的投资，也希望我平安。

所以，作为老板你一定要记住：你一个人希望公司好，这是"望"，当所有向你交钱的员工都希望公司好时，这是"众望"。唯有形成众望，才能众望所归。

你不妨反思一下你的企业为什么经营不好：是不是整个公司只有你一个人希望公司发展更好？是不是整个公司只有你一个人希望目标达成？

如果反思过程中发现只有你一个人的希望，没有众望所归的气势，那么这个企业在发展过程中，自然略显单薄。

在这里我再补充一个逻辑，这也是很多老板特别容易犯的严重错误。

作为老板，一定要清楚企业是有分工的，但是很多老板遇到的困境就是企业内没有分工。比如，老板什么都管，什么都管不好，越管问题越多。实际上，从老板到基层员工都有自己的工作轨道：普通员工的轨道是"目标"、经理和总监的轨道是"业绩"、总经理和店长的轨道是"利润"、董事长的轨道是"现金流"。

所以，不同层级的员工要根据自己的工作要求进行每天的工作。普通员工就是制定目标、分解目标、达成目标；经理和总监就是通过研究工具、研究方法、研究策略来提升业绩；总经理和店长就是想方设法创造利润。如果不能创造利润，你作为老板，还要他们干吗？

同时我还发现，很多老板给总经理和店长的薪酬存在很大的问题。按照正常的薪酬构成，应该是工资＋奖金＋分红，但很多老板现在直接月薪2万元、3万元、5万元，总经理拿到手的工资这么高，因此他就不担心创造利润的问题。有没有利润，这已经属于打败全国99%的打工人的现实问题了。

很多老板走入了薪酬误区，自己辛辛苦苦赚的钱全都给了公司不同基层的员工，其结果不是员工替老板打工，而是老板替员工打工。所以，企业要与各个不同层级的员工谈钱，一是谈薪酬，二是谈奖金，三是谈分红。

作为经理和总监能不能提升业绩，作为总经理和店长能不能创造利润。如果能，就按照薪酬结构能者多劳；如果不能，走人！所以，我们想赚钱，就必须谈钱，而且谈的不是自己的钱，而是别人的钱。

有一句话说得好："业绩治百病，服务定天下，现金解千愁。"作为老板一定要明白，想要赚客户的钱，先要收自己人的钱。那老板怎样收自己员工的钱呢？给大家提供三个方法：第一个方法是银行利息收款法，也就是用比银行利息高2倍到10倍的收款法；第二个方法是虚拟货币收款法，也就是用假钱换真钱；第三个方法是用期权分红收款法。

很多参加过我的课程，受过详尽指导的老板在实操之后发现，自己的现金流是源源不断的。这说明在赚钱的底层逻辑里，应该超出认知地赚钱。这是超出你的以往认知，找到一个更好地推动公司发展，更能够让公司员工拧成一股绳、同盼公司越来越好的赚钱底层逻辑与实操方法。

看清趋势与选对赛道

作为老板想要赚钱，就要从人、钱、事三个方面入手，上面讲了"人"和"钱"，这一节我们主要讲"事"。

我讲的"事"有两个含义，一个是趋势，另一个是赛道。

有一句话众所周知，叫作"授人以鱼，不如授人以渔"，讲的是你给一个人一条鱼，不如教给他捕鱼的方法。这句话乍看之下没有问题，但是，凡事细思极恐。如果一个人选择了一个没有鱼的水塘，那么他掌握再多的捕鱼方法，也是一条鱼都捕不上来的。

所以，作为老板的你一定要知道，人生的第一能力不是得到一条鱼或是学到捕鱼的方法，而是要选择一个有鱼的水塘。这在商业上的体现就是：要先选择一个具有发展趋势的项目，一个处于赛道上的项目。

举个例子。热播电视剧《狂飙》中的高启盛，于 2000 年开了第一家小灵通店。这时候的他的确是找准了趋势好的项目，选对了赛道。2006 年的高启盛则是继续扩张小灵通连锁店，这时候的他就是那个"掌握了捕鱼方法却选错了水塘"的人。

由此可见，即便你能力再强，如果你的项目、你的产品不具有发展趋势，不处于赛道上，那么你的能力和你的财富也无法成正比。

作为老板，我们一定要谨记，那些能够赚到钱的人未必是能力非常强的人，但一定是选中了趋势、选对了赛道的人。

因此，你在做生意的过程中，需要问自己，你的产品、你的项目，是否有发展趋势，是否处于赛道上。如果答案是肯定的，就放心大胆地去干；反之，就要想办法撤回你放在非正确赛道上的人力、物力、财力。

基于此，我们究竟该如何判断自己的公司是否选对了趋势，选对了赛道呢？

任何行业的趋势都如同打高尔夫球，有起点、蛰伏点、转折点、爆点、制高点。你可以把自己的所在行业、项目按照这几个点去对比，看看你所操作的项目目前到了哪个点位。

有一些经济雄厚的老板会咨询我："王冲老师，您说房地产还能不能做了？"我的意见是，这时我们需要看一下，房地产已经达到了打高尔夫球时的哪个点——毫无疑问，房地产目前已经达到了制高点，因为国家住建委等部门已经发文指出"房子是用来住的，不是用来炒的"，并且房地产已经失去了重大的投资机会和意义。因此，答案可谓呼之欲出。

也有老板咨询我："王冲老师，女性家庭教育这个生意能不能做？"我认为首先就要看一下这个生意处在哪个阶段，发现是起点和蛰伏点之间。什么意思呢？意思就是这个趋势刚刚起步，甚至还没有达到蛰伏点。这时候做这一项目就是"第一个吃螃蟹的人"，投入比较大，收获比较小，资金上不雄厚的人还是谨慎选择为好。

有的老板也会直接问我："王冲老师，传统总裁班教育培训还能再做吗？"对于这个问题的回答其实很简单。传统的总裁班教育培训已经是爆点到制高点的转折，这时候做传统总裁班教育培训一定是从"量"提升到"质"。简单地说，就是之后一定是转型商学院，而不是以民营企业存在方式进行。如果你不具备转型商学院的能力，就很难在即将接近制高点的赛道上实现超车。

现在有很多老板觉得国家放开了二孩、三孩政策，于是就想进入童装、婴幼儿用品等类型的赛道。事实上，有利好政策，但未必有利好市场。因此老板还是要根据实际数据去分析。什么叫作实际数据？比如人口数据，虽然放开了二孩和三孩，但是，作为生育主力军的"90后"连一胎都不生。新生人口数量骤减，你觉得婴幼儿用品等赛道还适合再进入吗？

> 另外，衣食住行行业基本上就是长盛不衰，就有老板曾咨询我说："王冲老师，您觉得餐饮还值不值得做？"我的观点是，做餐饮没有问题，毕竟一日三餐是刚需，但是，你要做什么样的餐饮是很重要的，这需要清楚餐饮的定位，也需要清楚食客的定位。如果你的定位准确，餐饮行业就是一个随时都可以进入的赛道。

我们发现趋势、赛道很重要。在当今竞争激烈的市场环境中，企业选择趋势和赛道非常重要。选择正确的趋势和赛道可以帮助企业抓住市场机会。不同领域和行业有不同的机会和发展潜力，企业需要通过研究市场趋势来确定哪些领域具有最大的潜力，从而制定战略和决策。此外，要确定自己在市场中的独特价值和竞争优势。在竞争激烈的市场中，唯有找到不被其他竞争对手覆盖的赛道，才能够有效地满足消费者的需求，提供有吸引力的产品和服务。

总而言之，选择正确的趋势和赛道是企业成功的前提。企业需要密切关注市场动态，了解消费者的需求和竞争情况，以便作出明智的选择并制定相应的战略。

俗话说"三百六十行,行行出状元",但这个"状元"也是有大有小。20年前选择卖豆腐和20年前选择做房地产,结果一个成了豆腐大王,另一个成了房地产大王。财富差距不在一个等量级,就会出现"状元"和"孙山"之别。

2. "免费"赚钱盈利模式

免费不是不收费,而是实现价值点的转移;免费策略是所有策略中最直接、最有效的方式;免费是策略不是战略,是战术不是模式。

——王冲

免费是实现价值点的转移

我们在谈到商家"免费策略"时，很多老板还停留在为了吸引客户、推广产品而提供免费的优惠、样品活动的阶段。比如，商家提供某种免费样品给顾客尝试，提供某项服务的免费试用期，还有提供免费赠品等。但是这些免费策略，转化率高不高暂且不论，其实都是要企业老板真的搭钱进去。

我所说的"免费策略"可以归纳为三点：第一点，免费不是不收费，而是实现价值点的转移；第二点，免费策略是所有策略中最直接、最有效的方式；第三点，免费是策略，不是战略，是战术，不是模式。

当我提到"免费策略"时，有的人的脑海里所出现的大都是免费模式，文不对题自然是赚不到钱的。接下来，我将详细介绍一下能够让你赚到钱的免费策略。

在我的学生中，有一位制造行业的老板，他的主营业务是做注塑机。他现在已经实现了注塑机免费，一台注塑机的价位在80万元到100万元不等。

那么，你或许会产生疑问，如果注塑机免费，这个老板通过什么赚钱？按照我上面讲的，我们所说的"免费"并不是不收费，而是价值点转移。这位老板现在的确不靠注塑机赚钱，而是靠注塑机的使用赚钱。

这里不妨分析一下：一台注塑机生产出来的成本价格是80万元，老板在出售这台注塑机时售价80万元，一分钱都不赚客户的，可以说

2."免费"赚钱盈利模式

是成本价出售。但是,客户买到了注塑机总是要使用的,这时候老板就会给客户出售一套注塑机的应用程序,这套程序是在客户启动注塑机的那一刻就自动收取程序的使用费用。当客户使用注塑机,就必须充值启动机器的应用程序,应用程序启动后,钱自然而然就赚到了。

或许有人认为,如果我将注塑机买回去,我破坏了它,或者是直接转手赚差价卖了它,你又该如何从我这里赚到钱?

首先,一台注塑机即便是成本价买回来,也是80万元,但凡客户是一个思想正常的人就不会想要毁掉自己支付了80万元买回来的机器;其次,你可以作为一个中间商去赚差价,比如,你在我这里80万元拿走一台注塑机,你到市面上120万元出售,但是不管谁买到这台机器,在使用时都需要为了启动程序而支付使用费用;最后,这台注塑机只要我生产出来,不管客户是谁,他使用这台机器,就要按照使用年限支付使用费用。

这就是我所说的免费策略,这里的"免费"不是不收费,只是转移了产品、服务的价值点。

在同质竞争压力巨大的当下,很多消费者会货比三家,首先去比较的就是价格。那么,运用这一节我们所提到的"免费策略"是很容易打败市面上99%的竞争对手的。

我们举一个更贴近生活的产品——家装净水器。家装净水器近几年走进千家万户,具有很大的消费市场,同时竞争也非常激烈,如果你也是一个家装净水器的厂家,你该如何做?

没错,就是运用"免费策略"。比如,如果你的家装净水器的出厂价格是2999元,你就以2999元零售给消费者,1元钱都不要多加。为什么不加钱?因为为了尽快占有市场,极大程度网罗消费者。

我们知道家装净水器的核心是滤芯，而滤芯更换最好是 3 个月到 6 个月更换一次，而更换一次滤芯费用不低。所以，只要消费者安装了你的家装净水器，后期你的钱就会源源不断。虽然你在出售家装净水器上是成本价售出，的确是没有赚消费者一分钱，但是后期你将会通过每一台被安装在消费者家中的家装净水器赚到更多的钱。

上述内容如果你真的明白了，就可以参照自己现在的产品、服务去进行一个策略的制定。

可能有的老板认为，自己做的不是制造业，甚至自己并没有产品产出，只是开了一家如"酷乐潮玩""畹町"等类型的线下门店，那该如何玩转免费策略呢？

很多人都有过这样的经历，进入门店之后，会被推销办一张会员卡，办卡有具体的数额，比如 99 元一张。但是，售货员会跟你说，办这张卡直接赠送一个价值 99 元的玩具，不仅本次消费立减 20 元，而且使用这张卡在后期消费过程中会有满 50 元减 20 元、满 80 元减 35 元等的立减券。

实际上，对于消费者来说，花 99 元办一张卡，不仅能够免费得到一个价值 99 元的玩具，还能够在本次消费中立减 20 元，而且在后期还会有立减优惠。这简直就是稳赚不亏，于是就直接购卡消费。

对于老板来说，真的亏吗？对上述内容吃透的老板或许一下子就明白了，这波操作对于老板而言一点不吃亏。因为消费者购买的会员卡让消费者在同类线下店铺消费时，最先选择的是你的店铺。因为每一张满减券都有一定的消费限额，其实在某种程度上刺激了消费者在你的店里多次消费行为。而最初消费者办卡时赠送给消费者与会员卡同等价位的产品，只是同等价位，并非同等价值。

所以，我在这里说的"免费"是强调免费策略，而不是免费战术、免费方式，因为正确的策略能够给你带来意想不到的收益。在这里需要提醒

每一位老板，你的战术、方法固然有作用，但赚钱的底层逻辑最终由策略决定。

美发店全年免费理发，净赚1000万元

现在一提到美容美发店，就有一种"不想去却不得不去"的感觉，理个发心情沉重。为什么？因为一进美容美发店就感觉理发师只顾着推销会员卡，而且一次充值最少500元。办一张500元的会员卡洗剪吹打9.5折，办一张1000元的会员卡洗剪吹打9折，以此类推，看似划算。但是，我们按照洗剪吹一次60元的价格计算，充值1000元的会员卡实际上每次洗剪吹只给你节约了6元。的确有优惠，但力度不大。

我的一位学员就是开美容美发店的，而且是规模不小的美容美发店。他一开始就用这种充值打折的方式，慢慢地他发现美容美发店的客流比旁边小作坊理发店的客流还少。于是他就咨询我，我给他提出的建议就是通过免费策略，用新模式经营美容美发店。

现在的消费者之所以对理发店办会员卡非常拒绝，是因为消费者发现自己提前支付的费用远远大于自己得到的"好处"。所以，他按照我给他的建议，从以下几个方面进行调整：其一，继续办会员卡，会员卡的额度统一，都设定为99元。其二，只要拥有这张会员卡就可以享受全年免费洗剪吹。如果是烫发、染发，只需要支付烫发、染发药剂的成本价，或者顾客自己带药剂，全程免费烫染。其三，办会员卡还送消费者52张某火锅餐饮品牌的优惠券。其四，在会员卡使用1年之后，理发店全额回收会员卡，也就是说你现在办的99元的会员卡，一年之后给你全额退了。

看到这里,你是不是脑海里闪现出一句话:"王冲老师,理发店老板是疯了吗?"我可以确切地告诉各位老板,这位美容美发店老板不仅没有疯,而且还通过这个方式年赚 1000 多万元。

我们来分析一下。首先,99 元的会员卡会有消费者觉得很为难吗?一个进入美容美发店消费的消费者,可能会面对一下子充值 500 元、1000 元感到为难,但绝对不会为花 99 元感到为难。其次,这个消费者在看到自己花 99 元就能全年免费洗剪吹、烫头染发只需要支付药剂价格甚至可以自带染发药剂,这已经就是占了大便宜,竟然还有 52 张火锅店的优惠券。最后,如果这些都无法打动消费者,那么一年后全额返还 99 元,绝对可直接打动他。

美容美发店免费,价值点自然而然就转移到了其他产品、服务上。比如,52 张火锅券都是满 100 元减 20 元,如果是一两张,消费者可能不会去,但是 52 张,消费者虽做不到每周去一次,可至少一个月也会光顾一次。火锅店即便不是美容美发店老板的店,也绝对是合伙人的店,有钱大家一起赚。

再者,美容美发店不是只有理发,而是还有美容相关的项目,SPA、按摩、针灸甚至医美等很多可以引进的项目与服务。美容美发店的 99 元会员卡只是给了消费者一张入场券,比如,18 岁到 58 岁之间的女性,在理发的时候,也会有美容、针灸等需求,比起去别家可能会上当受骗,但在你这里还能够感受到老板的诚意,再说去哪儿不是这个价格,消费者就会把钱花到你的店里。

你的免费策略,不仅仅是商业策略,更是攻陷消费者心理的策略。这个观点很容易理解。比如,同样 3 元一斤的橘子,我们会选择我们常去的水果摊购买,因为买的次数多了,知道都是 3 元一斤,但是常去的这家水果更新鲜、更好吃。

所以,我的这位学员的美容美发店不仅在一年的时间里扩张连锁,更

2. "免费"赚钱盈利模式

是每一家店都需要预约排队。消费者基于99元会员卡对这家理发店产生了浓厚的兴趣，兴趣进而成了信任，信任再转化成依赖。当消费者的黏度、忠诚度都提升了，转移到其他项目服务上的价值点就会为让老板赚来源源不断的收入。

免费策略的核心就是将一个强刚需拿出来做"免费"的饵，将强刚需的价值点转化到其他产品、服务上。就像是我的学员，通过这样一个营销策略，让他的美容美发店一年的销售额增加了千万元。因此，作为老板，你需要看到免费是一种强大的策略，它将一个强烈的需求作为诱饵，吸引用户的关注和参与。通过免费的产品或服务，我们可以将原本与这个强烈需求相关的价值点转移到其他产品或服务上。

免费策略不仅能够吸引用户群体，还能够提高用户的参与度和忠诚度。在消费者享受"免费"的过程中，作为老板需要运用巧妙的手段，让用户意识到其他产品或服务的价值，从而激发他们的购买欲望。因此，免费策略不仅是给用户提供一个免费的福利，更是一种智慧的营销手段，能够最大限度地发挥产品或服务的价值，持续吸引用户并提升整体业绩。

在实际生活中，我们会发现一些看似稳赔不赚的生意不仅没有赔钱，还一年内开了连锁店，实际上就是运用的免费策略。

> 我有一位学员来自马来西亚，从事餐饮行业，做的是早餐店。他在我这里学习之后，回去用一招干倒了周围很多早餐店。他是怎么做的呢？消费者交99马币成为早餐店会员，然后可以享受一个月免费吃早餐、直接给消费者100马币代金券当日可用，相当于消费者交99马币就可以免费吃一个月早餐，于是，一周之内办理了7000多个会员。周围竞争对手也大量购买他的早餐券，企图把他的店吃倒。结果是他的店没有倒，反而是周围多家早餐店倒了。

我们只看到他好像疯了一样花钱赚吆喝，却不知道人家并没有疯，花钱赚吆喝不仅吆喝声吸引了更多客户，而且花的钱只是赚的钱的一小部分。

其实，所有商业高手所运用的商业策略，并不是其他人所看到的表象，每一个商业高手都在自己的商业策略前面加固了一层"防火墙"。我的作用，就是为老板破解真正商业策略外面一层又一层的"防火墙"。

3. 包装项目盈利模式

你要的是赚钱,不靠你的产品赚,不靠你的店赚钱!领袖老板卖项目,越卖项目现金流越多,没有库存,往来全是钱。

——王冲

小老板卖产品，大老板卖项目

> 作为老板的你可能听过这么一句话："小老板卖产品，中老板卖方案，大老板卖项目。"
>
> 三个不同层面的老板卖的东西不一样，即决定着每个老板的格局不同。普通的老板靠卖产品，越卖库存越多，库存多了就说明老板的现金流被困在库存里；高手老板卖方案，越卖库存越少，库存少了就表示能够提出更多现金；领袖老板卖项目，越卖项目现金流越多，没有库存，往来全是钱。三个层面的老板，谁赚得多，谁赚得少？一目了然。

在这一章节中，我将跟各位老板谈一谈什么叫作卖项目？如何成为卖项目的领袖老板？

接着上面的话题，产品的背后是消费，消费完之后会得到满意度。你的产品好不好，是不是物超所值，是由消费者的满意度决定的。

那么，方案的背后是什么？是好处。你卖出的方案，就是需要给到别人给不到的好处。好方案的背后其实就是你的客户是否能够从你这里占到便宜，因为"占便宜"是人性。记住一句话：在商业上，只有让客户占了小便宜，你才有机会从客户身上占到大便宜。

项目又是什么？项目背后是投资，投资背后是回报率。客户在选择投资项目时，主要考虑的就是项目回报率。这里具体讲一下项目。项目不是产品、不是方案。比如，我们是开餐厅的，但我们不给客户讲餐厅，而是讲连锁餐饮预制菜项目。试想，我们能够从一顿饭上赚取客户多少钱？我们又能够通过一个项目赚取客户多少钱？

举个例子。张三是一个制作白酒的厂商，但张三现在卖的不是白酒，而是一个叫作"酒仙"的项目。这个项目需要投资多少钱呢？1799元。对于这个项目，作为投资者的你能得到什么好处呢？好处就是给你一瓶价格为1799元的酱香型白酒。

或许有人知道张三这个酒，于是质疑我说："王老师，这款酱香酒不是499元吗？"是的，这一款酱香酒就是499元，但我现在就要把它卖到1799元。你觉得行吗？

很多老板看到这里，或许已经有了答案，说："王老师，卖499元有人都觉得贵，你卖1799元真的能卖出去吗？"

我给大家展开具体分析一下。首先，作为产品，这瓶酱香酒卖499元，肯定会有很多人觉得贵。但是你要把它当作项目卖，标价1799元的项目，就会有人觉得它便宜。其次，投资项目，赠送一张1799元的全程水果通兑卡，到指定水果连锁店任意购买水果都可以使用，就相当于直接得到免费水果。最后，送购买项目客户一个50万元的合伙人资格一个。什么叫作合伙人？就是能够为我找来9个喝这款酱香酒的人就是我的合伙人。

分析到这里，问题来了：一个合伙人找来9个喝酒的人，这个合伙人是如何赚到50万元的呢？不妨来算一笔账。

假如你是投资酒仙项目的投资人A，你付给我1799元，我给了你一瓶白酒、一张水果卡、一个50万元合伙人资格，就是要求你帮我找到9个喝酒的人，他们分别是B1、B2、B3、B4、B5……B9。于是，你每次帮我成交一个会员，我给你的分配比例是B1是10%，B2是20%，B3是30%，B5是50%，B9是90%。

有人或许会直接跟我说："王老师，我这个人能力很强，成交了B10，该怎么算？"反过来从头算，也就是 B10 就是 10%，如果你成交的是 B18 则是 90%。这里如果大家都能明白，再接下来看。

按照 9 个人的模型多一个都不要，于是 A 下面是 B1 到 B9，B 下面是 C1 到 C9，那么 B9 下面最后一个就是 C81。我们这个模型必须是 9 的倍数，而我们从理论上讲，每一个已成交的人每个月喝一瓶酒，一年 12 个月就是 12 瓶酒。一瓶酒的价格是 1799 元，C 能拿到的佣金是 20%。而 B 能拿到的平均佣金是 50%，所以，B+C 的收入等于 44.6 万元，四舍五入为 50 万元，都属于这个合伙人赚到的钱。

这里需要你静下心来去理解一下中间的逻辑，如果你理解了，或许会提出一个问题："王老师，找到 D 的人呢？"坦白说，这时候 D 和 A 已经没有任何关系了。和 D 有关系的就是 D 之后的 E1 到 E9，或者说最后一位就是 F81。这里也就明确了一个界限，自 A 开始到 C81 就结束了，从 D 之后就是独立的新公司。1 个合伙人从找第一阶层的 9 个人开始，一直结束于找够第二阶层的 81 人，所以 1981 就是一家公司。

读到这里，你是不是就能够理解其中的底层逻辑关系呢？

我们回顾一下这一章节的内容。如果你是一个卖产品的老板，你的产品最后只能得到满意度评价；如果你是一个卖方案的老板，你所做出的好方案必然是能够让客户占到便宜的方案；如果你是一个卖项目的老板，你就直接给客户算回报率。因此，学会卖项目可以帮助你在市场竞争中取得优势，增加销售额，建立良好的关系，并提高项目成功率。无论你从事何种行业，掌握卖项目的技巧都是非常有价值的。

限于篇幅，我不可能详尽地展开给大家讲。不过，作为老板，你需要知道学习是最赚钱的投资，找对老师，能够从老师那里学到更多的知识和实操能力，公司发展是顺其自然的事情。很多学员跟我学习半年的时间，通过提升自己的认知、改变自己的固有思维、学习打破商业高手筑起的防火墙，真正地推动了企业的发展。即便经济大环境的确恶劣，如果将我所讲解的每个知识点落地，坚持复训，最终将实现公司质的飞跃。

让产品成为项目并快速变现

这一章主要是教会你如何让自己从卖产品升级为卖项目。

在互联网时代，产品开发如火如荼，每天都有大量的新产品涌现出来。但令人惋惜的是，很多产品最终都无法实现变现，无法产生实际价值。这就要求我们老板要与时俱进，卖产品不是不好，而是卖项目更有性价比。当然，也有人问："王冲老师，是所有产品都可以包装成项目吗？"其实，产品都是可以被包装成项目的，但并不是所有产品都能够持续产出。

一位专门卖红木家具的老板，他可以将某一款红木家具包装成一个项目，通过上述方式去招募合伙人。给出合伙人的条件肯定是非常丰厚的，送这款红木家具的同时还会额外送出一些优惠，并且要说服合伙人找到9个能购买这款红木家具的人。只不过作为A的合伙人找到了B和C之后，这个项目就成为一个短期项目，在B1以及C81都购买了这款红木家具之后，就不会再像快消品一样能够实现持续购买。

上述例子中的酒类产品，实际上也并不是生活中的刚需快消品。如果你的产品带有一些特质，例如，产品具有消费者必须每个月，甚至每周都要购买的特性，产品具有在市面上常见但价格并不统一等特征，就可以运用这一节所讲的把产品变为项目出售，这样会替你赚到更多的钱。

除了上述我给大家讲解的将产品变为项目的方法，实际上我们还可以掌握让产品成为项目的一些关键的策略和方法，具体如下：

首先，我们需要从产品思维向项目思维转变。产品思维注重的是如何打造一个好的产品，而项目思维则关注如何将产品投入实际运营并实现变现。要做到这一点，我们需要对产品进行全面的规划和策划，确定产品的市场定位、目标用户、竞争对手等，并制订相应的营销计划和推广策略，为产品的实际运营奠定基础。

其次，我们需要注重产品的差异化和创新。在竞争激烈的市场环境下，要想让产品脱颖而出并获得用户认可，必须具备一定的差异化和创新。我们可以通过技术创新、服务创新、设计创新等方面来实现。只有产品具备独特的特点和亮点，才能吸引用户的关注，并达到实际变现的目标。

再次，我们需要注重产品的整合性和扩展性。产品的变现不仅仅依靠单一的销售渠道或者单一的收入来源，而是需要形成一个完整的商业生态系统。我们可以考虑将产品与其他相关产品或服务进行整合，构建起一个完整的解决方案，为用户提供更加全面的服务。同时，我们还可以考虑产品的扩展性，通过不断地新增功能、服务或者拓展新的市场领域，实现产品变现的多元化。

最后，我们需要注重产品的运营和市场推广。一个好的产品并不意味着能够自动实现变现，而是需要有一定的运营和市场推广来支持。我们可以通过SEO优化、社交媒体推广、线下宣传等手段，提高产品的知名度和曝光度，吸引更多的用户使用和购买。

总之，要让产品成为项目并实现变现，我们需要从产品思维向项目思维转变，注重差异化和创新，注重整合性和扩展性，注重运营和市场推广，并持续创新和改进。只有这样，我们才能真正地将产品转化为项目，并实现实际的变现效果。

我们再来说一个真实的案例。我的学员中有一位姓杨的老板，是一位令人敬佩的女性。杨老板一开始做的是代理商，在上游厂家压货，下游终端压货款，门店客流少，房租、水电、人工成本涨不停，现金流、库存、压力不断攀升的境况下，作为代理商的杨老板本来就步履维艰。而此时，她还遭遇了副店长直接带着核心员工离职另起炉灶。品牌商认为她能力有限，直接就把代理权给了副店长，杨老板把产品卖到这样一个地步也着实令人唏嘘。

作为老师，我认真分析了她的处境以及她所售卖的产品，建议她将卖产品的思路改为卖项目。于是，这位杨老板在跟着我学习之后，发现原来生意可以有多种方式，不一定死守着库存辛辛苦苦地甩卖都没有人买。

于是，杨老板换了一种方式，变被动为主动，将产品转变为项目进行售卖。具体方法如下：首先，消费者交1000元可以成为品牌合伙人，同时消费者的1000元可以在店里随意消费。其次，品牌合伙人需要帮助她找来9个购买她产品的用户，这1000元现金还会以指定商店消费券的方式返还给合伙人。最后，按照我所教的佣金方式，杨老板告知合伙人佣金分配方式，这就让合伙人看到自己只要努力一下就能赚到真金白银，自然会更努力地去找购买产品的用户。

通过这样的方式，杨老板不再需要辛辛苦苦地给品牌商当代理商，甚至也不需要辛辛苦苦地做销售，她的每一个合伙人都积极地给她找客户。在杨老板的微信里，有不同合伙人给自己拉的客户群。杨老板很懂我讲课内容的精髓，所以她虽然经历了艰难求生时的背叛，但庆幸的是她能够找到更合适的方式，能够从普通卖产品的老板一跃成为卖项目的领袖老板。

这个案例表明，将产品当作项目进行销售是一种成功的商业策略。可以更好地控制产品的质量、性能和市场推广，可以让自己"躺赢"，从而取得成功。

4. 颠覆商业模式的盈利模式

> 早期可以复制别人的技术和模式,但是大家都复制,这个市场必定是红海。要学会定位、定模、定客、定品、定价,把能看得到的钱分掉,然后赚背后别人看不到的钱!
>
> ——王冲

商业模式决定商业行为

拿破仑曾经说过这样一句话："不想当将军的士兵不是好士兵。"同样的道理，作为企业老板，不想把企业做强做大的老板也不是好老板。那如何才能够将自己辛苦经营的企业做强做大呢？关键是给自己的企业设计一个好的商业模式。

想要设计好商业模式，前提是给自己的企业定位。对于"定位"的概念，或许有的老板会在脑海里闪过一些我们众所周知的广告语，比如"怕上火，喝王老吉""雪碧，透心凉""飞鹤，更适合中国宝宝体质的奶粉"等，但是你在脑海里所闪现的只是产品的广告语，并不是企业定位。

> 对于一个公司而言，定位要从以下四个方面考虑：第一个，你的公司是否属于产品公司？第二个，你的公司是不是一家渠道公司？第三个，你的公司是否算得上用户公司？第四个，你的公司是不是一家流量公司？

你把自己公司的主营业务、主要服务等进行梳理之后，对照上面四个公司属性，明确自己的公司属于其中哪一类，这才叫作对公司的定位。

当一个公司有了定位，就可以对公司的经营模式、发展模式等进行定模。定模之后，才能够定客，也就是根据你公司的模式去考虑，公司的客户是需要高端客户，还是需要大众化客户。我们定客完成之后，才走到定品这一步。

定品，毋庸置疑就是定产品，你面对什么样的客户就要定位什么样的产品。是引流产品还是黏性产品？是盈利产品还是衍生产品，或者是同心多元化产品？当你把定品这一步走完，就可以到最后一步定价，即结合客户、产品，给你的产品定价。

上述的定位、定模、定客、定品、定价就是"五定天下"。在这里，老板们一定不要把顺序搞错了。我见过很多传统老板，他们手里握着许多产品，却不知道自己的客户是谁，甚至不知道自己的客户在哪里，这就很悲哀了。

所以，作为老板，一定要清楚商业的第一步叫作创造市场、创造客户，也就是说客户永远都是排在产品之前。否则，就会和一些传统老板一样，没有考虑好定位、定模、定客，结果产品做了很多，钱都成了库存压着，没有现金流的生意越做越艰难。

做生意都要按照这个思路走。有学员曾问我："王冲老师，我想开一个乐高专营店，不知道该怎么选址。"

面对这个学员，我只是问他："你觉得，你面对的客户群体应该具有什么样的特性？"

这个学员当时的回答，我记忆犹新。他的回答是："孩子吧，孩子很喜欢玩乐高。"

已经都到了为门店选址，却还没有找到自己产品的客户群。孩子是喜欢玩乐高，然而乐高玩具相对来说属于玩具里面的高端玩具，所以，真正能够具有消费行为的客户群体应该至少是这座城市里的中产家庭。不管是买回去给孩子玩还是大人自己玩，首先要买得起。

大家也许会发现，如果连客户都没有找准，你所有的投资都注定成为一次失败的创业经历。

很多学员在分享听课感受时，会直接坦言道："在听王冲老师课程之前，我觉得企业的最终目的就是赚到利润，就是要以产品为中心加大营销力度，就是要通过管理降低成本。"

学员所分享的这三点，就是传统老板在经营企业时所认为的重点。

但实际上，我想告诉各位老板的是，产品品质过关是每一家企业进入市场经济的入门券，如果产品都做不好，那就不要做企业了。按照传统公司 4P 建设，我们常会接收到的概念就是一产品、二渠道、三价格、四促销。然而，我们现在已经进入了互联网 2.0 时代，产品被用户取代、渠道被互联网平台取代、价格直接被直播打败、促销则是被商业模式打败了，4P 惨痛退场。

所以，在前言中我提到疫情结束之后，我们很多老板都有一种感受，就是没有疫情了，公司的业绩不仅没有提升反而有下降。为什么？因为你的竞争更大了，你的企业出现了更大的困境。这时，你需要做的是转型升级。

我提出的转型升级中的"转型"，转的是你的思维，升的是企业的运营模式。如果想要转型升级就需要你能够静下心来学习，我现在告诉你，进入后疫情时代，你更需要懂得流量的核心是变现。你更要清楚，你卖的是货，而我卖的是模式。

举一个例子。我们都是卖珠宝的商家，你卖的是珠宝，这条珍珠项链 2 万元，那串祖母绿的手链 3 万元，主打卖出一条赚一条的钱，你的客户就是买了一条项链或一串手链的客户。但是我不一样，我卖给客户的绝不仅仅是一串手链、一条项链，而是以下内容：其一，珠宝 5 万元，我另外给消费者 5 万元的券；其二，消费者给我推荐两个能够消费 5 万元的客户，我把消费者的本金退给他；其三，除了本金，我再送消费者 5 万元的水果消费卡，他家这一年的水果都不用花钱；其四，我再额外给他共同富裕奖，奖励什么我来定，不管是什么他都是占便宜的一方。

这样一来，就请你来告诉我，虽然我们都是卖珠宝，但是你能卖得过我吗？买你珠宝的消费者只购买一次，而买我珠宝的消费者呢？他在我这里购买一次，但却能够给我带来更多的客户。

所以，你卖的是珠宝，我卖的实际上是珠宝的商业模式。

是不是因为商业模式不同，我们所付出的时间、精力、金钱也不同？你需要辛辛苦苦自己找客户，而我通过客户找客户，我卖商业模式的行为，在时间上已经秒杀了行业中99%卖"珠宝"也就是产品的老板。

决定人和人的差距的是，一个人认真地跟着一个叫王冲的老师学习了商业模式课程，而另一个人却带着不承认自己不会的态度拒绝了任何一个学习的机会。

作为老板，想要企业做大做强，就必须卖出你的产品。然而，你并没有给你自己的产品"修"一条卖出去的通道，也不会给你的企业设计一个好的商业模式，你的企业在竞争中墨守成规，因而缺少核心竞争力。所以，在商业竞争中，你输给的不是别人，而是自己。

全球六大商业体系拆解

这一节主要讲的是做生意的六种商业体系，包括互联网体系、直销体系、连锁体系、金融体系、资本体系和产业链体系。如图4-1所示。

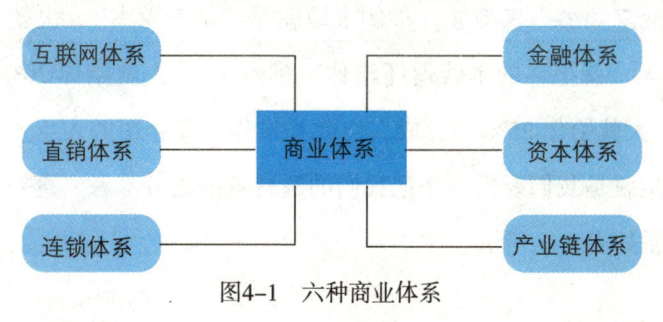

图4-1　六种商业体系

有学员可能会有疑问："王冲老师，商业体系就这六种吗？"是的。可以肯定地告诉各位老板，目前全世界已经证明的商业体系只有这六种，未来可能会有，到那时我们再继续探讨和研究。

现在我们来具体讲解一下每一种商业体系的概念及其逻辑。

第一，互联网体系。

> 互联网商业体系的核心是免费。
>
> 事实上，所有互联网体系的路径都是从免费开始，最后到变现，即免费→流量→融资→平台→变现。将这个流程简单地展开一下，实际上就是互联网本质是流量，用的人越多流量越大。流量做起来就可以融资，融资之后就可以做平台，平台的根本目的就是变现。比如，我们去刷抖音、快手的短视频，刷到一半，要你去付费刷下面的内容，你会刷吗？不会。
>
> 但是，如果刷到一半，短视频推荐你购买某些产品，这个产品甭管是不是真的需要，你在短视频氛围的烘托下可能会毫不犹豫地下单。所以，平台从来不会在流量上收费，就好像说"免费"策略是把价值点转移，互联网体系亦是如此。

第二，直销体系。

直销体系的核心是裂变。举例来说就是"推三返本"，也就是你帮我推荐3个人，就把你的本钱返还给你，推荐15个人就给你20%的分成，推荐30个人就给你25%的分成，以此类推你给我介绍的人越多，分成也就越多。也就是我们要想办法把我们的消费者变成分享者。直销体系所讲的裂变体系如表4-1所示。

表4-1 裂变表格（直销体系中的裂变体系）

裂变表格															
一级															
二级								二级							
三级				三级				三级				三级			
四级		四级		四级		四级		四级		四级		四级		四级	
五级	五级	五级	五级	五级	五级	五级	五级	五级	五级	五级	五级	五级	五级	五级	五级
六级×2	六级×2	六级×2	六级×2	六级×2	六级×2	六级×2	六级×2	六级×2	六级×2	六级×2	六级×2	六级×2	六级×2	六级×2	六级×2
七级×4	七级×4	七级×4	七级×4	七级×4	七级×4	七级×4	七级×4	七级×4	七级×4	七级×4	七级×4	七级×4	七级×4	七级×4	七级×4

第三，连锁体系。

连锁体系的核心是复制。需要注意的是，这里面的复制不是复制门店，而是复制盈利点。也就是说，你想要连锁，连锁的是商业体系，复制的是商业体系，而不是你把门头、装修、摆设做成一样就可以了，而是要复制它的盈利点，这样你才能赚到你想赚的钱。

第四，金融体系。

金融体系的核心是杠杆。举个例子。我去银行存了50万元，然后有一个人又去银行贷款借了50万元。有人就会觉得银行借出去的50万元就是我存进去的50万元，实际上这是错误的。

银行盈利靠的是我存进去的50万元，通过信托、支票、代卖保险、基金理财、股票等，将我存进去的50万元杠杆放大10倍或20倍，如此一来，银行的钱就源源不断了。

第五，资本体系。

资本体系的核心是放大，即不断地放大品牌的融资渠道，放大价值，放大盈利模型。资本体系以利润最大化和资本增值为目的，以价值管理为特征，将本企业的各类资本，不断地与其他企业、部门的资本进行流动与重组，实现生产要素的优化配置和产业结构的动态重组，以达到本企业自有资本不断增加。

资本体系的目标，是实现资本最大限度地增值。对于企业来说，资本最大限度增值有三种表现：一是利润最大化。企业将资本投入生产经营后，将所得收入与耗费相比，如果收入大于耗费，企业实现利润，如果收入小于耗费，则发生亏损。二是股东利益最大化。股东利益最大化是指企业管理层应该以最大化股东利益为目标，通过提高企业盈利能力和股东回报率，使股东的投资获得最大的回报。股东利益包括股息、股票价格上涨以及其他形式的回报。股东利益最大化强调的是对股东的权益和回报的关注。三是企业价值最大化。企业在资本运营过程中，不仅要注重利润和股东利益的最大化，更要重视企业价值的最大化。

公司除了股东投入的资本外，债权人也投钱了，所以债务市场价值+股权市场价值才是完整的企业价值。用公式表示，即企业价值=债务市场价值+股权市场价值。将企业价值最大化作为目标考虑是更全面的考虑，因为这种考虑照顾到了更多的利益相关者（比如债权人）。

第六，产业链体系。

产业链体系的核心是垄断。然而，产业链体系的厉害之处在于它是一个"百搭体系"，是所有商业体系的集合体。它们之间既可以互加，也可以叠加，具体形式如互联网+直销=微商、互联网+连锁=新零售、互联网+金融=P2P、互联网+直销+产业链=直播电商等。

其实，人们在商业上所看到的创新商业体系，都是基于以上讨论的六种商业体系。听过我讲课的老板或许知道，在我的课程中，主要就是教会每一位老板该如何正确选择适合自己企业的商业体系，合理设计适合自己企业发展的商业体系，最终能够赚到钱。

所以，作为老板，你需要思考，该如何将六种商业体系进行结合以更好地推动企业发展。这个过程不是一蹴而就，而是需要长期的学习，因此每一位老板最忌夜郎自大的态度，而是应该随时作好与时俱进、学以致用的准备。

5. 流量费盈利模式

> 不是你的产品卖不出去,而是你没有给产品修一条卖出去的道;不是你赚不了钱,而是你没有给自己选择好一个流量变现的模式。
>
> ——王冲

六种流量，你到底缺哪种流量

如今是一个商业大变革的时代，很多传统的门店在互联网的冲击下已经走到了死胡同。可现实生活中，很多老板都认识不到问题的严重性，依旧选择在线下开店，这是一种自不量力的行为。要知道，世界性连锁企业沃尔玛去年在美国就关闭了852家，实体店面临的严峻形势可想而知。作为一个企业的管理者，如果不知道改革创新，只知道去招聘、去组织、去管理、去搞团队PK，那么企业势必是没有前途的。

在这个流量为王的时代，流量才是一个企业未来的核心要素，一个企业如果没有流量就失去了生存和发展的依据。那么，对于老板而言，如何依靠流量开启盈利模式呢？下面我从几个维度展开阐述。

一般来说，流量分为六种，第一种叫商品流，第二种叫物流，第三种叫信息流，第四种叫客流，第五种叫现金流，第六种叫技术流。通过这六种流量模式，可以帮助企业实现盈利目的。

通常情况下，企业盈利速度慢，变现少，主要是因为缺乏客流。比如，你要开一家培训公司，能否为公司选择到合适的场地？如何招聘企业员工和客服？这些都不是问题的重点，重点是有没有人愿意成为你的客户。如果没有客户，那么你的收入来源就没有了着落。再如，你要拍一部电影，最难的不是演员的片酬，不是制作和特效，也不是如何发行，而是一部电影有没有市场，是否有观众愿意为它买单。如果没人愿意买单，或者观赏人数极少，那么电影制作方连基本的成本都收不

5. 流量费盈利模式

回来。

说到这里也许有人会觉得，一家门店营业投入的成本最大的不是客流，而是房租、水电费等。例如，西湖边上开了一个五六百平方米的麦当劳门店，因为它挨着断桥，地理位置极佳，所以导致其一个月的租金达到了 100 万元。

如此天价的租金，对于普通的门店而言，或许难以承受，但是对于断桥边的麦当劳而言，真的是九牛一毛。因为自从西湖免费开放之后，它的客流量暴涨，而一旁的麦当劳则很好地解决了西湖游客们吃饭的问题，因此赚得盆满钵满。据可靠的数据反映，它一个月的营业额可以达到 1000 万元。这个故事告诉我们，一家门店最高的成本永远是客源，门店若是有充足的客源，那么即便是房租、水、电费再高也有利可图。

另外，大家需要注意的是，一个门店如果缺乏客流，很有可能不仅有客流的问题，还有信息流的问题。比如，你开了一家餐馆，你提供的食材是很新鲜的，菜品也很全，价格也不贵，服务也很好，可饭店的人流量就是上不去。这个时候，你就要反思一下自己的信息流是否出了问题，即周围 3 千米、5 千米范围的人是否知道餐馆的存在？是否了解你餐馆的相关信息？如果你的信息闭塞，那么就要想方设法做推广，哪怕是付出一点成本，也在所不惜。

很多企业为了让更多的客户了解自身，不惜花十万元、百万元、千万元、一亿元甚至三亿元在今日头条、抖音、中央电视台打广告，就是为了信息流。而信息一旦打通，那么企业便抓住了生存的命脉。

当然，有些企业看似缺现金流，但事实上缺的是客流。我经常讲一句话叫"业绩治百病，服务定天下，现金解千愁"。很多企业的老板总认为自己的现金流很紧张，全靠东挪西凑来过日子，其实从根本上讲，缺的是客流。当你有了消费者，那么一切问题都迎刃而解了。

最后，我再来说说技术流的问题。有些企业不缺客户，也不缺资金，但是缺的是技术，比如中国的华为，如今的华为正在带领着各领域的高科技企业打一场新的"上甘岭战争"，在这场中美之间的高科技战争中，技术成了最稀缺、最宝贵的资源。

当然，我们这里的技术流不仅仅指高科技，还可能指销售和流程的技术。比如，有些企业资金丰厚，但是它们的员工不知道怎么开发客户，客户来了，不知道怎么跟人家成交，成交之后不知道怎么做售后服务，或者服务完了不知道怎么转介绍。事实上，这一套技术是有标准的流程的。首先，企业从哪个地方可以精准地获客？获完客之后，如何把客户通过会员、通过让利、通过促销变成自己的客户，老板怎么操作才能把这些客户又变成自己的合作伙伴？从消费者到消费商，服务好公司的客户，让其对公司的产品，对公司的服务很满意，最终跟公司形成的关系不光是消费关系，而更多的是利益和事业共同体的关系。

总之，要想通过流量变现，就应该先让别人知道自己，这是信息流；再让别人找到自己，这叫客流；最后让别人付钱给自己，这是现金流。概括起来就是一句话：经营企业不要把焦点仅仅放在产品上，流量的这六个点每一个都很重要，企业只有把自己缺失的部分补回来，将来才有更大的发展空间。

客源、客流，获取流量的六种方法

我们知道，企业有三大核心要素问题，第一个是流量，第二个是团队，第三个是商业模式设计。而在这三个核心要素当中，流量又是重中之重。没有流量，企业就不能生存，流量对于企业生存和发展至关重要。

意识到流量的重要性之后，本节我们来探讨一下企业获取流量的四种方法。如果你能将这些方法全部掌握，那么就可以精准获取流量，从而为企业节约营销成本。

方法一：降价抢流。

在这个狼多肉少的市场环境下，商家切不可太过于佛系，客户不是等过来的，而是抢过来的，你要是不动手，那客户就流入竞争对手的怀抱。那么如何获得客源，如何争取到大的流量呢？其中策略之一便是降价抢流。为什么要通过降价的方式抢占流量呢？这样真的能赚到钱吗？很多人对此深表怀疑。在此我想跟大家分享三个非常重要的商业理念。

首先，不是所有的产品都赚钱。比如，你开一家早餐店，你不能指望油条、豆浆、牛肉粉、包子等所有的品类都有钱可赚。我以前有个学员，做的是水果生意，刚开始，他店里的甘蔗、枇杷、橘子、西瓜等都有钱可赚，可后来随着越来越多的水果店涌入这个小区，他的生意也在慢慢下滑。等到盒马生鲜和直播出来之后，他的生意更是一落千丈。为什么他的生意会出现这种颓势呢？因为商业方法出了问题。也就是说，并不是所有的产品都赚钱，没有降价引流品，生意很难维持长久的兴旺。

其次，不要赚所有人的钱。在做生意之前，一定要找准自己的目标用户，比如，你的产品是针对男性，还是针对女性；针对成年人，还是针对儿童；针对高收入人群，还是针对普通大众，只有找准目标用户，才能更好地赚到钱。

最后，不要一开始就想着赚钱。一个公司成立之初，客户的信任感尚未建立，所以你的产品和服务还不太被大家接受。这个时候要先降价，给客户一个了解你产品或者服务的机会，等到后续他们对你的产品产生忠诚和依赖，然后再思考赚钱的事情。

有了正确的商业逻辑之后，我们接下来再思考降价抢流的问题。对于老板来说，降价抢流是一种精准获客的手段，只要执行到位，便可以轻松打开市场。下面我们以大龙燚为例，为大家展示降价抢流的过程。

> 大龙燚是我的学员创立的一个火锅品牌，最初在广州成立。在成立之初，大龙燚就把三大收入之一的锅底直接让利给消费者。具体来说，就是做成了一张会员卡，消费者只需要付33.3元，便可成为大龙燚的锅底霸王年卡会员；成为该会员之后，全年来这里吃火锅，锅底都免费。降价的锅底帮助大龙燚收获了一大批的客户，后来大龙燚又通过食材、酒水、后端延伸的服务赚了很多的利润。
>
> 依靠降价抢流的方法，大龙燚发展得非常好，在广州已经有8家门店，仅仅广州正佳广场这家门店，它的销售额一年就可以做到5000万元。因为线下生意红火，有了充足的资金，这家火锅店又开到了线上，所以便取名叫作小龙燚。

方法二：赠品诱流。

所谓赠品诱流，顾名思义，就是拿赠品来引诱流量。这种引流方法就是利用人们喜欢占便宜的心理。

前几年，我曾经去马来西亚做推广，那个时候课程的成交量一直很低，后来我在回国的机场里偶然间发现助理的行李箱坏掉了。这时我突然窥探到了一个商机，那就是一个好的行李箱在当今这个流动的社会是一种刚需。在意识到这一点之后，我赶紧联系了做箱包的同学，定制了一款完全模仿RIMOWA的箱子，并且这款箱子在RIMOWA的基础上进行了九大创新。后来，这款箱子成了我们课程的赠品，有了这个赠品引流之后，我们课程的成交量很快从30%增长到50%，最高的一场甚至达到了75%。

为什么成交量瞬间提升了如此多呢？这是因为我们的赠品质量非常

好，拉杆可以承载 100 千克的重量，整个箱体上放两三百千克的重物都没有问题；而将这个高性价比的箱子和课程门票捆绑起来售卖时，很多人都是冲着行李箱买了课程。

另外，需要注意的是，在利用这个策略引流的时候，一定要筛选好合适的赠品，首先赠品要有很高的性价比，其次赠品必须产生收入链，最后赠品必须对主品形成促销的作用，这样设计才能收获巨大的客源，才能获得高额的利润。

方法三：爆品引流。

商家要想依靠爆品来引爆流量，那首先要做出爆品来。一般来说，符合以下四个条件的产品，才算是真正意义上的爆品。第一个条件是强刚需，第二个条件是能进行微创新，第三个条件是需求量要大，第四个条件是要有高附加值。

举个简单的例子。水果是每家每户都需要吃的，它是一种强刚需产品；另外，也可以进行微创新，比如通过制作水果会员卡等方式进行推广。水果的需求量很大，相关统计显示，我国每年会消耗掉全球大约 73% 的柿子、68% 的梨、67% 的西瓜、58% 的桃和李、50% 的猕猴桃、49% 的苹果、27% 的柑橘、17% 的葡萄和 10% 的杧果香蕉。另外，水果的附加值也很高，从原产地到市场，其价格翻了 10 倍，这就是高附加值。

水果之所以有这么高的附加值，是由其属性决定的。首先，水果在运输的过程中有损耗，有些磕磕碰碰，这会影响客户的购买欲望。其次，水果的季节性很强。最后，水果的保鲜期很短。正是这些原因导致了它具有很高的附加值。总而言之，水果就是一款很符合引流条件的产品，它具有爆款的潜质。

方法四：合作引流。

合作引流即通过合作创造新的流量。形象地说，就是"用我所有，换我所需"。在合作之前，要学会妥协和让利，这是所有合作的前提。在合作的过程中，不要计较一城一池的得失，所有的行为意念、言行举止都要符合企业的战略。企业所有的举动都要围绕战略展开，不能有个人的情绪，只有这样才能与对方精诚合作，把别人的流量变成自己的流量。

  上面讲解了六种方法中的四种方法，即降价抢流、赠品诱流、爆品引流、合作引流。除此之外，还有模式吸流和会员锁流，这两种方法也有助于企业实现流量自由。模式吸流就是通过模式把流量给吸过来，会员锁流就是利用会员制把流量给锁住。综合运用这六种流量方法，可以帮助企业获得源源不断的客源，从而为实现财富自由打下良好的基础。

6. 会员费盈利模式

你舍不得别人占你的小便宜，你就占不到别人的大便宜！商家如何让流量变成留量？商家最聪明的做法，不是赚产品的差价，而是赚会员卡的钱。

——王冲

会员卡实现"盈利点的偏移"

在一次商业课上,有一位来自深圳的老板曾经向我讲述他的经商困局。他经营着一个400平方米的生活超市,主要目标人群是小区里的居民。他的会员有2400多人,营销社群大概有7个,总共加起来有七八百个客户,本来想着通过社群完成裂变,可是现实和理想有很大的差异,生意一直不太好,客单价也一直排位在四五百。对于这种情况,他不知道该如何应对。

从这位老板的详细表述中,我发现他犯了一个很大的商业思维的错误。如今是一个新的商业时代,如果商家仅仅依靠产品的差价盈利,那肯定是走不远的。聪明的做法是实现"盈利点的偏移",首先为客户提供免费的午餐,然后等客户想要享受这一免费的午餐时,再引导他们交会员费,最后依靠会员费盈利。具体如何操作?这里就从我对一个学员的指导方案入手来分析一下。

有个学员开了一家超市,我是这样帮他设计盈利方案的:第一步,199元为客户办理金卡会员;第二步,拥有金卡的客户任何产品都可以享受八五折;第三步,送会员们199元的水果卡;第四步,客户如果能推广5张会员卡,那么他199元的会员费就可以免单;第五步,客户推广5张会员卡之后,每张都可以获得20%的积分。

从这个盈利模式中就可以看出,商家不再是依靠产品赚钱,而是靠源源不断的会员费赚钱。赚钱模式设计好之后,不妨先做一个假设:如果你在当地开了一家60~100平方米的超市,发展了三五千的会员,一个会员

6.会员费盈利模式

收取 199 元，那么 5000 个会员大概就是 100 万元的收益。按照这样的模式在全国开店，那么肯定可以赚得盆满钵满。

在这个会员费盈利模式下可以看出，客户花 199 元办会员卡，就可以获得 199 元的水果卡。在这中间商家是不赚钱的，但是这 199 元的水果卡在中间却起了一个非常重要的杠杆作用，用它撬动了商店的流量。当店里的流量达到一定的程度，就可以在群里变现，把它做成一个靠会员费赚钱的项目。

这样好的盈利模式可以应用于很多个行业，超市可以，酒店当然也可以。

> 我曾帮助一家酒店设计过会员制模式，通过这种会员制模式，酒店的年盈利翻了 3 倍多。具体来说，是这样操作的：交 199 元成为酒店的金卡会员；成为金卡会员之后，住房可以打六折，可以享受延迟两个小时退房的特权、提供免费的早餐，以及睡前的牛奶。此外，金卡会员住房还有 0.5 倍的积分，用积分还可以兑换房间和消费。
>
> 除了设置这种金卡会员，这家酒店还设置了钻卡会员，即客户交 399 元成为酒店的钻卡会员，成为钻卡会员后可以享受如下权益：第一，住房打 2 折；第二，延迟 4 个小时退房；第三，有免费的早餐；第四，有免费的睡前牛奶；第五，有一倍的积分；第六，过生日的那一天，房间免费；第七，帮酒店推荐 5 个会员，客户的会员费就免掉。

从上面的种种权益就可以看出，这些会员卡办得非常划算。而酒店在提供种种优惠的同时不但没有赔钱，而且从过去的赚房间的差价直接变成了现在的赚会员费。

事实上，这种赚钱模式是未来的一个趋势，这样的思路也可以蔓延到更多的商业领域。未来，商家的变现能力如何，就要看自身能否有强劲的执行力，能否把这个模式当作一个称手的赚钱工具，真正落实到实际行动中。

会员费设计，三大会员充卡法

在前面的章节中，我提到过"会员锁流"的模式，通过这种模式，可以让企业获得巨大的流量，从而为变现创造更多的便利。那么，商家究竟如何让流量变成留量，如何让客户变成会员，从而长久地留在这里为自己的产品或者服务买单呢？下面分享几个会员盈利的策略，以此帮助大家获得更多赚钱的思路。

策略一：办会员卡的时候，给客户一种占便宜的感觉。

对于老板而言，做企业一定要有两个身份：企业的老板；产品的顾客。老板要想留住顾客，必须先充当顾客，站在顾客的角度来审视自己的产品，这样才能更好地把握顾客的心理。通常来说，顾客喜欢的不是便宜的产品，而是占便宜的感觉。如果老板仅仅想靠价格战来吸引顾客，那么便会给顾客留下一种质次价廉的感觉，而如果你能给顾客制造一种有便宜可占的感觉，顾客便会毫不犹豫地产生购买的行为。

举个简单的例子。你想长久地留住顾客，现在提供两种方案：一种是充500元送100元，另一种是等客户消费够480元之后，要求他补交20元，这样就可以获得一张金卡，成为金卡会员。而成为金卡会员后可以享受如下权益：获得100元的消费券，这100元消费券可以现在抵扣，也可以在以后消费的时候打九五折。面对如此大的优惠力度，相信很多人都愿意补上这 20 元。客户同样是花费 500 元，获赠 100 元，但是后者给人一种占便宜的感觉，因为在他来看，他花完 480 元之后本来是要离开的，可现在只要补交 20 元，就可以获得 100 元的消费券，以后还打九五折，这种占便宜的感觉很难拒绝。

策略二：消费免费充卡法，让顾客不用花钱还白享受服务。

举个简单的例子。顾客在店里消费了 1000 元，这个时候，作为店长的你可以走过来这样跟他推销："先生你好，非常感谢你来我们这里消费，总共消费 1000 元。今天刚好是我们店 10 周年店庆，现在推出一个活动，您只要今天充 2000 元，就可以获得许多好处：第一个好处，您卡里有 2000 元可以消费；第二个好处，以后来我们店消费，直接打九五折；第三个好处，我再赠送您 2000 元的本地消费券；第四个好处，为了结交你这个朋友，今天的 1000 元不用付了，直接免单。"

对于顾客来讲，只要充值 2000 元，不仅可以获得等额的消费券，可以获得免单和折扣的机会，还可以获得价值不菲的本地消费券。这一通操作下来，不仅不用花钱，还可以白享受商家的服务，何乐而不为呢？所以，只要商家愿意提，大部分顾客都愿意为这个优惠的活动充值。而对于商家而言也不吃亏，只要在引导顾客充值时把握好毛利润的比例就好。比如，商家的毛利润是 35%，那么顾客充值的数额就按 1∶3 的比例去计算，比如顾客消费 1000 元，那么他就需要充值 3000 元。如果你的毛利润只有 20%，那就按照 1∶5 的比例充值。总之，顾客充值的金额要根据自己的毛利润调整，这样就不会出现亏钱的局面。

策略三：红花绿叶充卡法。

如果你是一个买花的顾客，花店老板同时给你 100 朵玫瑰，让你选出最漂亮的一朵，你觉得挑选的难度大吗？答案是很大，因为这100朵花都很漂亮。但是如果花店老板给你100朵花，其中一朵是玫瑰花，让你把玫瑰花选出来，你一下子就会完成任务。为什么会这样呢？因为有了其他花的衬托，你的选择就变得容易很多。

同样的道理，在引导顾客充值，办理会员的时候，你也可以用两三个绿叶方案来衬托一个红花方案，这样的话，红花的方案就显得更娇艳。

举个简单的例子。某门店现在推出充值办卡服务，第一个活动套餐是充500元送100元，第二个活动套餐是充3000元送3000元，第三个活动套餐是充1万元送1万元，那么你会选择哪个呢？

我想大部分人都会选择中间的套餐，因为这个活动套餐现金流不大，但收益最大。在这三个活动方案中，前后两个属于绿叶，中间的便是红花，有了绿叶的衬托，红花的性价比一下子就显现出来了，所以，顾客很容易就会作出充值的选择。

以上便是引导顾客办理会员的几种策略，通过这些策略，既可以帮助顾客降低选择的难度，也可以为企业开启盈利的新模式。

7.
一次性付费盈利模式

> 一次性付费盈利模式即"种树模式",一棵树苗,你只需要花 10 分钟种在地里,10 年或 30 年后把它卖出去,千百倍地盈利。一次性投入获得永久收益,或者一次性小投入获得巨大收益。
>
> ——王冲

知识变现，不付费免听、免看

付费盈利模式是指企业通过向用户提供一定价值的产品或服务，并以此获取收益的商业模式。这种模式需要企业在产品设计、研发、推广、销售等环节投入大量资源，同时需要提供高质量的售后服务以提高用户满意度和忠诚度。付费盈利模式可以包括多种形式，如直接销售、订阅收费、广告收费、授权收费等。对于企业而言，选择合适的付费盈利模式需要考虑市场需求、竞争环境、用户行为等因素，并不断优化和调整。

例如，人人都熟悉的"内容付费"就是付费盈利的其中一种。通过生产内容来让用户付费购买，常见的有写商业软文、写小说、画漫画、为公司出设计稿、提供创意点子和咨询服务、有声书订阅等。人们将内容包装为一种产品，直接出售给有需要的人，以此来获取报酬，这便是付费盈利。

付费盈利模式的案例有很多，以下是一些常见的例子。

腾讯、爱奇艺等视频网站：用户需要购买会员或者单独购买特定的节目或电影才能观看。

知网、维普等学术文献数据库：提供付费的学术论文、报告等资料下载服务。

有道词典、金山词霸等翻译工具：提供付费的专业翻译服务。

付费问答平台：如知乎的付费问答、分答等，用户需要支付一定的费用才能获取特定问题的答案。

付费讲座或课程：如得到、喜马拉雅等平台提供的付费讲座或课程，用户需要支付一定的费用才能学习。

7.一次性付费盈利模式

付费游戏或应用：提供有偿的游戏或应用下载和使用服务。

会员制电商平台：如京东、天猫等，提供会员专享的优惠和特权服务。

医疗咨询平台：提供付费的在线医疗咨询服务。

付费图片库：提供专业摄影师拍摄的照片下载服务，用户需要支付一定的费用才能使用。

电子书和有声读物平台：提供付费的电子书和有声读物下载服务。

这些案例都是通过提供有价值的产品或服务，并采取适当的付费模式来实现盈利的。对于企业来说，选择合适的付费盈利模式需要考虑市场需求、竞争环境、用户行为等因素，并不断优化和调整。

除了以上常见的付费盈利模式，短视频行业的快速崛起，短视频付费已经成为一种新的盈利模式。一直以来，短视频平台多依靠广告盈利，开屏广告、信息流、视频号、粉丝头条等方式已经成熟。随着用户体验的不断提升和产业的不断完善，短视频平台也出现了更多符合平台调性的创新玩法。

目前，一些知名的平台已经着手了短视频付费的盈利模式。例如，抖音平台上有许多自媒体或专业团队制作的短视频，用户需要支付一定的费用才能观看或获取特定的视频内容。又如，一些拥有专业知识的自媒体可能会发布一些收费的视频教程或培训课程。B站上也有许多经专业人士制作的短视频，用户可以选择成为会员，从而享受更多的视频内容和特权，比如无广告观看、高清画质等。此外，B站也提供付费的课程和讲座，用户可以通过购买来获取更深入的知识和技能。

这些案例都代表了短视频行业的一种付费盈利模式，对于平台和创作者来说，这种模式可以提供稳定的收入来源，同时也能满足用户对高质量内容的需求。

一次性付费，获得永久收益

我们已经知道了什么是"付费盈利模式"，而在付费的方式上也有许多不同的操作，一次性付费就是其中的一种。一次性付费盈利模式即一次性投入获得永久收益，或者一次性小投入获得巨大收益。

所谓一次性付费盈利模式，是指企业通过一次性向消费者收取一定金额的费用来获得收入和盈利。这种模式适用于一些较为稳定的产品或服务，如软件、游戏等。例如，健身房的会员制度就是一次性付费盈利模式。

健身房通常会向用户提供一次性的会员费用，允许用户在一定时间内使用健身房的各种设施和服务。用户在购买会员资格时，会得到一张会员卡，凭此卡可以进入健身房并使用各种设备。这种一次性会员制度让用户可以长期使用健身房的服务，而不必每次使用时都进行支付。对于健身房来说，这种盈利模式有助于稳定收入，因为用户在购买会员资格后，通常不会频繁更换健身房。此外，通过提供长期的服务，健身房可以建立用户的忠诚度和信任感，从而促进更多的销售和推荐。

这种一次性盈利模式在许多行业中都有应用，如健身、美容美发、教育培训等。它有助于简化商业流程，降低交易成本，提高效率，同时也能为消费者提供更具吸引力的价格和更优质的服务。

线上课程平台常常采用一次性付费盈利模式，如网易云课堂、奥鹏云课堂等，提供各种在线课程，包括编程、设计、市场营销等。用户可以选择一次性购买某个课程，或者购买一个会员来访问平台上的所有课程。这种模式对于提供者和消费者来说都很方便，提供者可以快速获得收入，消费者则可以立即获得他们需要的课程。

在一次性付费盈利模式中，企业只需向消费者收取一次费用，就可以永久使用或享受该产品或服务。这种模式的核心内容是，企业向消费者收取一次性费用，而且该费用可以包含产品或服务的所有成本。比如，在音乐产业领域，用户可以一次性购买音乐，而不必为每首歌曲付费。在电子阅读领域，人们可以通过购买一本电子书，而不必为每一章节付费。在知识付费领域，用户一次性购买年卡会员就可以收听此 APP 中的所有内容。这些都是一次性付费盈利模式运用的明显例子。

对于企业来说，采用一次性付费盈利模式可以降低运营成本和风险，提高收入和利润。同时，这种模式也可以吸引更多的消费者，提高市场占有率和竞争力。所以，一次性付费盈利模式有一定的优势和特点，具体如下：

一是满足用户需求。一次性付费盈利模式能有效地满足用户的需求，让用户在购买前就能明确地了解产品的功能和价值，从而做出更加明智的购买决策。这种模式避免了长期付费中的隐形消费和浪费现象，让用户感到更加安心和满意。

二是简化商业流程。相较于传统的订阅式或按使用量计费等盈利模式，一次性付费盈利模式简化了商业流程，降低了交易成本，提高了效率。它让用户不再需要每月或每年进行重复购买操作，同时也减少了商家的交易处理和账户管理等工作量。

三是创新定价策略。一次性付费盈利模式采用了全新的定价策略，将原本需要多次支付的费用整合为一次性的大额支付。这种策略可以更好地反映产品的价值，并赋予商家更大的定价空间。通过一次性付费盈利模式，商家可以在保证利润的同时，为消费者提供更具吸引力的价格和更优质的服务。

四是强化品牌形象。一次性付费盈利模式有助于强化商家的品牌形象。当用户选择一次性购买产品或服务时，他们对于商家的信任程度会相对提高。这种信任和支持对于商家而言至关重要，有助于提升品牌的知名度和口碑。

五是拓展市场机会。一次性付费盈利模式为商家提供了更多的市场机会。通过将产品或服务以固定价格出售给消费者，商家可以吸引更多的潜在客户并拓展市场份额。此外，一次性付费盈利模式还为商家提供了在后续追加销售或增值服务的可能性，进一步扩大收益来源。

综上所述，一次性付费盈利模式是一种新颖且具有吸引力的商业盈利模式。它以用户需求为导向，简化了商业流程，创新了定价策略，有助于强化品牌形象并拓展市场机会。

值得注意的是，一次性付费盈利模式也存在一些挑战和风险。首先，如果产品或服务的质量不符合消费者的期望或需求，可能会导致消费者不满意和投诉。其次，如果竞争对手采用更低的价格或更好的产品或服务来竞争，可能会对企业的收入和利润造成影响。此外，如果消费者的需求发生变化或市场环境发生变化，可能会对企业的盈利能力和市场地位造成影响。

因此，企业在采用一次性付费盈利模式时，需要综合考虑市场需求、竞争环境、产品质量、成本和风险等因素，制定合理的定价策略和营销策略，以提高产品与服务的质量和竞争力，吸引更多的消费者并保持市场地位。

8.
持续性付费盈利模式

一锤子买卖做得再大只有一锤子,持续的生意再小,也是源头活水。只有把消费者变成了可裂变的消费商,才能实现让用户持续付费。

——王冲

持续性付费的底层逻辑

运营成功的企业和品牌无非是做到了"让用户留下来，并且持续付费"。当产品进入成熟期，在获得足够多的流量和粉丝用户后，与拉新相比，在存量用户身上持续赚钱才是核心。所以，持续性付费盈利模式是指企业通过向用户提供一定价值的产品或服务，并以此获取持续性的收益。

持续性付费的内涵在于，首先，用户在获取产品或服务后，需要持续支付一定的费用以维持或享受该产品或服务；其次，这种付费通常是以月、季度或年度为单位的，用户需要定期支付费用以保持服务的持续性和享受特权；最后，持续性付费不仅是一种经济交易行为，更是一种长期的服务关系和信任关系的建立和维护。

持续性付费的特点包括以下几个方面：一是持续性。用户需要持续支付费用以维持产品或服务的正常使用。二是周期性。通常按月、季度或年度进行收费，用户需要在每个收费周期内完成支付。三是定制化。商家可以根据用户的需求和偏好提供定制化的产品或服务，以满足用户的个性化需求。四是信任感。通过持续性的付费，用户对商家的信任感和忠诚度会逐渐增强，有利于建立长期的服务关系。五是稳定性。由于用户需要持续支付费用，商家的收入也会相对稳定。六是拓展性。商家可以通过提供定制化服务或增加新功能来拓展产品或服务的范围，从而吸引更多的用户并保持竞争力。

总之，持续性付费盈利模式是一种常见的商业模式，它需要商家在产品设计、研发、推广、销售等环节投入大量的资源，同时需要提供高质量的售后服务以提高用户满意度和忠诚度。通过持续性付费，商家可以建立稳定的收入流，满足用户的长期需求，并实现商业价值的最大化。

我们常见的一些具有持续性付费盈利模式的案例有很多，如以下所列。

订阅模式：例如，Netflix 和爱奇艺等流媒体平台，用户可以按月或按年支付费用，以享受持续性的视频观看服务。

会员模式：许多在线游戏或应用程序采用会员模式，用户支付一定的费用成为会员，可以享受持续性的服务或特权。

应用内购买：许多手机应用或游戏允许用户购买虚拟商品或服务，如道具、装备、扩展内容等，这些购买通常是持续性的。

订阅电商：例如，Costco 和山姆会员店等，用户支付一定的费用成为会员，可以享受持续性的购物优惠和特权。

持续性咨询服务：一些专业咨询服务机构，如会计师事务所、律师事务所、管理咨询公司等，为客户提供持续性的咨询服务，并按项目或时间收取费用。

租赁模式：例如，共享单车和共享汽车等，用户支付一定的费用使用车辆，这些费用是持续性的。

按使用量付费：例如，电力、燃气、水务等公共服务，根据用户的实际使用量收费。

这些案例中的付费盈利模式都具有持续性，即用户在一段时间内需要持续支付费用以维持服务或特权。对于商家来说，这种模式可以提供稳定的收入流，同时也能满足用户的长期需求。

裂变，从消费者到消费商

我们已经知道了什么是"持续性付费盈利模式"，而如何让用户持续付费才是核心和重点。对于企业而言，用户对你的产品和服务从路人变成粉丝只是故事的开始，企业需要的终极目标是尽一切可能延长用户生命周期，并且在生命周期中尽一切可能挖掘商业价值。

一般用户分为四种类型，分别是潜在用户、新用户、老用户和已流失的用户。企业针对这些不同的类型，其维护的方法也不同。

对于潜在用户，他们已经对你的产品和服务产生好感，但还没有完全消除戒备心理，所以需要利用熟人或朋友的口碑去突破挡在他们面前的最后一道防线。这个时候企业要做的是多开展评价有礼、分享有礼、老带新有礼等活动，在回馈老用户的基础上，吸纳更多的潜在用户。

对于新用户，他们刚刚爱上并接受你的产品，处于成长阶段。这时企业要做的是让他们建立对品牌的忠诚度，针对新用户需要给予不断的激励以促进他们进行二次消费。例如，消费送优惠券或代金券，在下一次付费的时候可以抵扣。另外，累计消费金额可以提升会员等级以享受更多的特权，以此来培养新用户的品牌黏性和提升付费频率。

针对老用户，他们是企业产品或服务的主要购买力，老用户不用花太高的维护成本，但需要提高他们的活跃度和积极性。企业可以通过互动活动或周期性活动提醒、发放折扣券等方式有效提高他们的活跃度。

已流失的用户往往是一段时间都没有付费的用户。用户的流失在所难免,但需要企业去寻找其中的原因,比如,是产品没有创新引起了用户厌倦,还是他们找到了更好的替代产品等。针对流失的用户,企业不要过度推广,应该用新的手段和途径唤醒他们,比如更新产品和服务或利用人文关怀、怀旧煽情等方法,这样一来反而更容易赢得他们的回归。

持续性付费盈利模式的根本是要获得源源不断的客流和现金流。如何做到呢?下面举个我常在课上讲的例子。

以餐饮为例,绝大部分餐饮推出充 3000 元送 600 元的活动,卡里面有 3600 元。但在我的课程学习以后,学员改变了思路,把用户从消费者变为消费商。活动变为充 3000 元送 3000 元,卡里有 3000 元,另外再送 3000 为使用券,每一张券为 50 元或 100 元面值,每次来只能用一张。第二个活动与第一个活动方式上有本质的区别。充 3000 元送 600 元是硬性打折,充 3000 元送 3000 元不光不打折,还能获得源源不断的客流和现金流。所以,充值 3000 元作为母卡,再送 3000 元作为子卡或子券,可以称为"母子卡连体"。充 3000 元送 3000 元,但卡里面只有 3000 元可消费,充值的消费者要么自己到店消费 30 次,要么送给亲戚朋友来消费,无论是谁来消费,饭店都锁定了消费者的持续消费。如果有的消费者充了 3000 元送了卡券却不来消费也没有关系,充其量饭店只充了 3000 元,而充 3000 元送 600 元还倒贴了 600 元。这种模式等于是把消费者变成了消费商,餐饮店做到了让 C 端去裂变,而不是自己"赔本赚吆喝"。

再如,重庆小面的盈利模式已经从之前收取加盟费到后期改成了收取培训费。学员需要支付一定的培训费用来学习重庆小面的制作技术和经营理念。培训费用可以根据不同的培训内容和机构而有所不同,通常在数千元到数万元之间。重庆小面培训机构通常会提供一系列的培训课程,包括理论课程和实践操作等。学员可以根据自己的需求和兴趣选择不同的课程，并支付相应的培训费用。重庆小面的培训周期通常在数天到数周之间，具体时间根据不同的培训机构和课程而有所不同。然后重庆小面在培训完学员以后还要持续性地收取"过路费"，要求所有重庆小面，只要冠名重庆小面，必须用重庆小面的面料酱。这个酱属于独家制作，学员拿这个酱，再倒到你制作的那个面中，才能真正叫重庆小面。重庆小面根据学员的营业额，会派总部下来督导和督查。如果督查一周内还无法改进，就取消学员做重庆小面的资格，并要求一家面馆每个月不能低于3000碗面的营业额，也就等于每一天不低于100碗。如果低于100碗，上面的督导下来协助你，如果一个月内还无法改善，这家面馆就不给你开了。

由此，重庆小面从原来400多家到现在6800家左右，每一个面料酱它能赚0.1元，每一家面馆一天200碗面，一共有6800家面馆在帮他卖，这就是他目前一天的收入。这就意味着他开的加盟店越多，卖的碗数越多，每一碗他都能赚0.1元，因此卖得越多，就赚得越多。而且他把这个模式升级，第一可以持续性收费；第二永远都是每天的现金流。

想达到让用户持续付费的目的，有个核心的思路便是让消费者变成消费商。这也是未来持续性付费盈利模式的趋势。无论是从事餐饮业还是卖房、卖车、卖家具，都一个思路。

再以餐饮行业为例，过去吃饭吃了500元，扫码付费就走了。其实这样的商家是不过关的。一个商家首先一定要做到吃500元送500元，不要怕送，而且这个券客户自己用可以，送给朋友用也可以。

其次，直接把消费者变成消费商，推二返本。你帮我推荐两个500元的会员，或你的朋友来我这，被我成交了两个500元的会员，我就把你的500元退给你。在门店用这个速度快得不得了。这就是把传统的消费者变成了消费商，然后你帮我带客户来，我就给你他消费金额的10%作为积分，这个积分可以等同于现金，你吃饭的时候可以直接抵扣，你自己多来几次消费我也赚了，你让朋友来消费我也赚了，你不来消费我还是赚了。

只有把消费者变成了可裂变的消费商，才能实现让用户持续付费。

如何锁定用户持续付费

> 付费社群商业模式在实践中已经得到了广泛应用，例如企业内部的社群、专业领域的社群、粉丝社群等。这些社群通过收费的方式，可以更好地筛选和吸引目标用户，同时也可以提供更好的服务和体验，提高用户的忠诚度和满意度。成功运营社群，能够吸引用户进行持续付费。

有个星级酒店大厨，搭建了一个付费微信群，成员每个月付费20元，然后大厨每周在群内教大家一道菜。平时社群成员在群内聊天交流做菜心得，这位大厨不常说话，偶尔说几句，点评一下其他人的菜式、关键操作点等。他的群成员最高达到了上千人，月收入2万元。这是付费社群的初级模式。随着人们对社群认知的提升，目前教写作、教拍视频、教唱歌等，都可以利用专业知识或技能进行社群变现。

付费社群最先出现在教培行业，大家发现通过社群来做交付，可以保证培训的私密性，同时培训的学员也能随时随地通过群直播等方式来听课，十分方便。

目前付费社群有着广泛的形式，除了培训社群，还有兴趣社群（如登山爱好者交流群）、行业社群（如私域运营实战增长群）、渠道社群（如直播电商主播对接群）等类型。

需要注意的是，付费社群商业模式并不是适用于所有社群的，社群的定位、目标、用户群体等因素都会影响其是否适合采用这种商业模式。同时，社群的收费标准也需要合理制定，既要保证社群的运营和发展，又要考虑用户的接受度和体验感。

任何一个能够实现持续性付费的社群都是有特点的，同时能够为企业带来帮助：其一，做付费社群。企业可以给你的粉丝们一个家，方便用手机、电脑跟粉丝交流，也可以让粉丝们自己交流。例如，小米手机的起家离不开社群营销，成功打造了"米粉"，才有了后续粉丝带来的持续变现。其二，做收入。如果能在社群提供有价值的内容或服务，可通过付费社群挣到钱。其三，做内容沉淀。文字、图片、文件等内容在服务器保存，不会过期。哪怕换手机也一直在（如果社群创建在知识星球）。

创业者成立公司，通过运营付费社群，可以将用户们聚到一起，并挖掘这批用户背后的商业价值。必须强调指出的是，用户为社群持续付费，一定是在社群里感受到了价值，或者能够满足他们的某种需求。如果价值和需求丧失，用户的关注度降低甚至消失，就没有后续的续费率了。

这里我想到一个可能不错的解决方案，能让付费的用户持续感受到价值感。这个解决方案就是由社群的年费制改成充值式。比如一个社群的付费门槛是1000元，用户付费进群以后，就给到对方1000积分，1000积分等于1000元，用户可以来参加社群活动，可以购买社群的服务、课程、培训等。这样一来，用户进入社群只是一个开始，后续的服务会慢慢展开。我们可以从用户消费积分的情况来很好地判断每个用户对于社群的感知程度，也可以有效针对不同的用户展开营销，从而使用户的价值感提升，并愿意为社群持续付费。

9. 赞助费盈利模式

你唱戏我搭台,你有流量我喝彩。企业可以打造与被赞助者之间的联系,提高品牌曝光率,同时也可以为被赞助者提供资金支持,共同实现各自的目标,最终由于知名度和口碑的提升而带来盈利。

——王冲

赞助目的是"赚钱"

如果直接说赞助是为了赚钱,似乎将企业给予某个活动慷慨支持的行为降了级,但事实上,企业进行赞助等于换一种方式赚钱。对于企业而言,赞助是企业为了支持某个活动、项目或个人而提供的资金支持。这种行为旨在为提高企业知名度、加强品牌形象、建立企业社会责任等目的。通过赞助,企业可以打造与被赞助者之间的联系,提高品牌曝光率,同时也可以为被赞助者提供资金支持,共同实现各自的目标,最终由于知名度和口碑的提升而带来盈利。

> 例如,现在不少城市都在举办马拉松赛事,小城市、大城市、旅游景区等,这种争先恐后举办马拉松的态势背后就体现了赞助盈利模式。每一场马拉松的规模和影响力不同,政府支持力度不同,盈利也就不同。举办一场马拉松赛事,收入虽有政府拨款和选手报名费,但大部分来自赞助费。由于举办马拉松活动吸引了大量参与者和观众,这为广告商提供了宣传和推广的机会。赞助商可以通过在比赛现场设置广告牌、赛道上悬挂广告旗帜、赞助选手装备或提供奖品等方式来展示他们的品牌。同时利用直播报道赛事的机会增加品牌曝光度,获得广告效应。一般赞助分为冠名商、赞助商、二级赞助商、三级赞助商、四级赞助商等。级别越高出的费用就越多,赞助级别低可以不用出费用,往往可以用产品兑换资源。

9.赞助费盈利模式

事实上,赞助费盈利模式是一种常见的商业模式,它主要通过向企业或个人收取赞助费用来获得收入。这种模式在活动赞助、大学赞助、体育赞助等领域中尤为常见。

在活动赞助中,平台会向企业提供各种赞助方案,包括品牌宣传、产品推广、客户互动等,并根据企业的需求提供个性化的赞助方案,向企业收取相应的费用。在大学赞助中,赞助商可能会向大学支付一定的赞助费,以获得在大学网站、活动、体育比赛等场合的宣传机会。这些赞助费有时是非常可观的,特别是对于那些大型的赞助商。此外,有些赞助商可能会在大学校园内销售他们的产品或服务,比如餐饮、服装、电子产品等,这些销售渠道可能会为赞助商带来可观的利润。另外,赞助商有时也可能会向大学投资,以换取未来的收益。这些投资可能包括基础设施建设、科研项目、教育基金等。除此之外,赞助商还可能会与大学开展其他形式的合作,比如共同研发科研项目、提供实习机会等。这些合作机会可能会为赞助商带来更多的商业机会和利润。

总的来说,赞助费盈利模式的关键在于提供符合赞助商需求的赞助方案,并确保赞助效果的最大化。通过合理的定价策略和优质的赞助服务,活动主办方和大学可以吸引更多的赞助商,从而获得稳定且可观的收入。

除了活动赞助和大学赞助外,赞助费盈利模式还可以应用于许多其他场景。以下是一些常见的应用场景。

体育赛事:体育赛事是赞助费盈利模式的另一个重要应用领域。赞助商可以向体育赛事提供赞助费用,以获得在比赛现场、媒体报道、社交媒体等场合的宣传机会。这些宣传机会可以帮助赞助商提高品牌知名度,增强与消费者的联系,从而促进产品销售和业务增长。

文艺演出:文艺演出是另一个吸引赞助的领域。赞助商可以向演出方提供赞助费用,以获得在演出现场、宣传材料、媒体报道等场合的宣传机会。

慈善活动：慈善活动是赞助费盈利模式的另一个应用领域。赞助商可以向慈善机构提供赞助费用，以支持慈善事业的发展。这些赞助费用可以用于支持慈善机构的运营、开展项目和活动，以及提供资金支持给需要帮助的人群。通过慈善赞助，赞助商可以提高品牌形象，增强与社会公众的联系，同时也可以获得一定的宣传回报。

行业展会：行业展会也是一个吸引赞助的领域。主办方通常会向参展商和观众收取一定的费用，以支付展会的运营成本和维护展会的品质。赞助商可以向主办方提供赞助费用，以获得在展会现场、宣传材料、媒体报道等场合的宣传机会。

总之，赞助具有许多积极意义：通过赞助活动或项目，企业可以获得更多的曝光机会，提高品牌在市场上的知名度和形象；赞助形式往往能够吸引更多的目标客户，从而扩大企业的粉丝群体，促进产品销售；企业可以通过赞助活动向社会大众传递自己的企业文化和价值观，从而增强品牌忠诚度和保持市场份额；通过赞助活动，企业可以与合作伙伴建立更紧密的联系，增进彼此之间的合作和互信；通过赞助活动或项目，企业可以获得更多的展示机会，将自己的品牌展现给更多的人；企业可以通过赞助与自身品牌相关的活动或项目，从而建立或加强品牌所需要的联想；企业可以通过赞助员工参与的活动或项目，提高员工的士气和参与度，增强企业凝聚力和向心力。

冠名赞助的背后势能

企业花钱进行冠名赞助已经成为常态。例如，综艺常青树《快乐大本营》，vivo出了冠名费7亿元；安慕希为综艺节目《奔跑吧》给出6亿元冠名费。大家觉得这么高的冠名赞助费，企业能赚回来吗？答案是肯定的。安慕希一年销售额达300亿元，虽然冠名费高达6亿元，但分摊到每一瓶安慕希的成本就非常低了，企业依然非常赚钱。所以，品牌花钱冠名赞助的背后动力还是扩大知名度，进行盈利。说到底，被冠名的知名综艺节目或活动就是金主企业们的超长广告。

> 冠名权是指在某种事物前面加上自己名号的权利，简单理解就是商家通过出资赞助某项活动，获得以自己商标或品牌命名该项活动的权利。冠名费原来一直是电视台或者节目收，现在随着个人或者企业影响力增大，也可以收冠名费。
>
> 个人通过卖冠名费来盈利的案例虽然少，但随着网红不断出现，如果个人拥有一定的知名度和影响力，并且能够组织或主办一项具有吸引力的活动或节目，那么他或她便可以通过出售冠名费来盈利。例如，知名的网红健身教练刘畊宏全面开启商业化，一次冠名费也非常可观。所以，如果是知名的网红或个人可以通过组织一场线上或线下的健身挑战赛，邀请一些品牌赞助并支付冠名费用。他们可以在比赛中展示这些品牌的标志和产品，并借助自己的影响力和参赛者的参与度来推广这些品牌。

另外，一位艺术家或音乐家也可以通过出售冠名费来盈利。他们可以在自己的音乐会或艺术展览中设置赞助区，邀请企业或个人赞助并获得在活动现场展示自己品牌的机会。

个人在某个领域或行业内必须有一定的知名度和影响力，才能够吸引品牌商或企业的关注和赞助。个人需要通过组织或主办一项具有吸引力的活动或节目，来吸引品牌商或企业的赞助。这些活动或节目可以是比赛、展览、演出、讲座等。个人需要根据自己的知名度和影响力，以及活动或节目的规模和质量，制定合理的冠名费用，以吸引品牌商或企业的赞助。个人需要借助社交媒体等渠道进行推广，增加活动或节目的曝光度和参与度，从而吸引更多的品牌商或企业的关注和赞助。

总之一句话：无论是企业还是个人，当规模和势能起来后，都有了一定的影响力才能使用冠名赞助。

赞助商五大赚钱策略

在杭州亚运会举办期间，引人注目的不仅仅有体育赛事，还有亚运会官方网站公布的175家赞助企业，他们分为官方合作伙伴、官方赞助商、官方独家供应商和官方非独家赞助商四个层级。

第一层级的赞助商是中外品牌的龙头企业，如通信巨头中国移动、中国联通，移动支付服务的阿里巴巴、支付宝以及银行、航空、体育科技公司、保险公司等。这些龙头企业多来自浙江本土品牌。可见，有人参与的地方，就有赞助商的身影。全球知名的活动，更是少不了知名企业的赞助。

不论是大的赛事还是小的活动，赞助商赞助的核心诉求是在每一个可能与消费者接触的地方，使赞助商品牌都能恰如其分地出现，并融入活动现场，与消费者共同分享快乐，然后达到宣传自己品牌的目的。

例如，不少汽车品牌企业在赞助"汽车拉力赛"中获得回报。在由一汽大众赞助的全国汽车拉力赛长春站中，捷达出了极大的风头，取得了超出预期的广告效果。上海大众赞助的2000年至2005年全国汽车拉力锦标赛上海站，以POLO车型参赛的上海大众333车队获得了1600排量组的车手第一和车队第一,为上海大众汽车公司宣传产品起到了巨大的推动作用。

除了奥运会、亚运会、汽车拉力赛这种大型的赛事之外,一些小的活动企业同样能以赞助商的身份参与并获得回报。比如赞助一下艺术、文化、教育、商业或其他领域的讨论会或沙龙。赞助商可以在活动中展示自己的产品或服务,并与参与者进行互动。这不仅可以为沙龙提供资金支持,还可以增加赞助商的品牌曝光度。

那么,企业作为赞助商,可以通过哪些方式赚钱呢?

一是直接赞助收入。企业向活动主办方或节目制作方提供赞助费用,以获得在活动或节目中展示自己品牌的机会。这种收入是赞助商最直接的收益,也是最常见的收益方式。比如某个运动鞋品牌赞助了一场足球赛,分别给双方队员赞助了运动球鞋,然后在球赛现场从各个角度拍照,除了运动员矫健的身影,还捕捉了不少鞋子的特写镜头,最后把这些照片做到自己的品牌见证手册中。只要顾客担心鞋质量好坏时,立刻拿出册子,翻着大量的照片给顾客介绍:"上次某某足球赛知道吧,他们的决赛都是指定穿我们的运动鞋,所以在质量和舒适度方面请放心就是。"这样的赞助为企业后续的营销带来了长远的影响。

二是商业合作机会。赞助企业可以与被赞助方进行商业合作,比如提供广告位、联合营销、定制产品等。这些商业合作机会可以帮助企业扩大市场份额、提高品牌知名度、增加销售额等。例如,某活动现场接受了某个家居品牌的赞助,现场主持人说能把该品牌名称"某某品牌我爱你,就像老鼠爱大米"喊十遍,就有机会获得抽大奖的机会。这样的现场被记录下来,然后把现场挑战的视频发在朋友圈。这就是一种互动的价值。

三是提升品牌形象和知名度。通过赞助活动或项目,企业可以获得更多的曝光机会，提高品牌在市场上的知名度和形象。这种效果可以通过广告宣传、活动现场布置、活动内容合作等多种方式实现。我们经常看到一些大型活动在直播或转播的现场，特意说出某某品牌冠名播出，或感谢某某品牌的独家赞助。这就是一种广告宣传和曝光机会。

四是扩大销售渠道。通过赞助活动或项目，企业可以获得更多的销售机会，扩大销售渠道。例如，在活动中设置品牌展示区或销售点，吸引更多潜在客户关注和购买。又如，在马拉松比赛中，很多食品和饮料的品牌通过赞助出现在补给站，不但起到了广告宣传效应，还提升了销售机会。

五是降低成本。企业可以通过赞助活动或项目，降低自己的营销成本。例如，通过赞助获得广告宣传的机会，可以节省自己在广告投放方面的费用。又如，某商业广场策划并赞助了一场全城的购物狂欢节，可乐1元1罐，4罐1提，一共准备了1万提可乐，总成本4万元；做了1万张卡，持卡就可以来活动现场领取1提饮料，并且还可以参与抽大奖。该商场就是通过这种方式来引爆狂欢节人气，三天下来，狂欢节外面的摊位都可以收很多钱。很多小吃、干货经营者都到广场摆摊，摊位收300元一天，三天900元，50个摊位广场净赚4.5万元。商场自己也搞了自己的一些摊位，可以每天赚几万元。

当然，企业赞助也有一定的风险需要规避，如只购买赞助资产，不做赞助运用。仅投入资金而不做配套的运营活动，往往很难盈利。在活动中最重要的是把粉丝和潜在消费者放在所有活动的中心位置。比如，一旦遭遇赞助资产的危机期，尤其是大型的赛事，如果出现比赛失利、球员受伤、涉嫌服用兴奋剂等情况，都可能会使赞助遭遇危机，最后赞助可能会遇到一些不可抗力导致的损失，如遭遇不可抗力或赛事取消等。

10. 服务费盈利模式

> 中间商赚的不是差价,赚的是信息差,服务思维才是商业模式的根基。如何让客户感到超越满意的惊喜?什么才是真正的"以客户为中心"?
>
> ——王冲

服务就是扮演"中间商"

提到服务业，你会不会只想到服务员、保洁员提供服务呢？其实不是。事实上，服务业已经成为一个大的行业，它本身虽然不生产商品，但是能提供体验、提供服务的行业。通俗地讲，这种方式就是做中间商，如快递就是最形象的"服务业"。

以下是一个关于服务业中间商的案例。

> 某家物流公司是中间商，它从客户那里接收订单，然后安排货物的运输和配送。该物流公司还与其他运输公司合作，将货物从出发地运送到目的地。在这个过程中，物流公司扮演了中间商的角色，并协调不同供应商和客户之间的需求，最后从中赚取差价。

在这个案例中，物流公司作为中间商，通过提供物流服务赚取了差价。它扮演了连接供应商和客户的桥梁角色，并在这个过程中实现了盈利。

服务业是指利用设备、工具、场所、信息或技能为社会提供服务的业务，包括代理业、旅店业、饮食业、旅游业、仓储业、租赁业、广告业和其他服务业。服务业概念在理论界尚有争议，一般认为服务业即指生产和销售服务产品的生产部门和企业的集合。

知道了服务业，那服务业的利润模式又是什么呢？所谓，服务费盈利模式是指企业通过向客户提供服务来获取收益。这种盈利模式通常涉及提供一系列的服务项目，包括安保、绿化、保洁、专业维修、运营服务等，以帮助客户解决问题或提高运营效率。

服务费盈利模式的特点在于其服务性质。企业需要不断提高服务质量，以满足客户的需求。同时，这种盈利模式也需要考虑如何提高服务管理的效率，以降低成本并提高盈利能力。

例如，阿里巴巴平台就是一个典型的服务平台。通过提供一系列的服务，包括电商平台、支付、物流、云计算等，帮助商家和消费者实现交易。在这些服务中，阿里巴巴通过收取服务费和佣金来盈利。

对于商家，阿里巴巴提供了多种服务，包括店铺管理、商品展示、交易处理、支付结算、物流配送等。商家需要向阿里巴巴支付一定的服务费用，以获得这些服务。此外，阿里巴巴还会从商家的交易中收取一定的佣金，作为平台使用费。

对于消费者，阿里巴巴提供了多种购物服务，包括商品搜索、比较、购买、支付等。消费者在使用这些服务时，需要向阿里巴巴支付一定的服务费用。

除了商家和消费者的服务费与佣金外，阿里巴巴还通过广告收入和其他增值服务来盈利。例如，阿里巴巴可以通过向商家提供广告位来获取广告收入，还可以通过向商家提供数据分析、营销策划等增值服务来获取收益。

总之，阿里巴巴是一个以服务费和佣金为主要盈利方式的平台，通过为商家和消费者提供一系列的服务来获取收益。

搭建服务平台进行价值变现

随着市场上产品的竞争越来越激烈,服务模式已经成为企业竞争的基础,做好服务营销就能在竞争中夺取优势。

> 服务的核心在于帮人做事,正如有句话"爱人者人恒爱之"说的那样,都是一个道理。服务费模式是常见的盈利模式之一,在这种模式下,任何一个行业都可以做到搭建服务平台进行变现。例如,灵活用工平台从雇主和灵活用工者之间收取一定比例的服务费用,作为平台提供服务的回报。服务费通常基于灵活用工者的薪酬金额或雇主的支付金额来计算。这种模式的优势在于稳定收入流,能够为平台带来稳定的收入流,尤其是在大量的工作需求和灵活用工者的情况下。平台可以通过提供高质量的服务吸引更多的用户,并因此获得更多的服务费。

我们身边有不少提供服务的平台,例如:猪八戒网是国内知名的灵活用工平台,主要提供技能共享服务。平台将拥有某种技能的个人与需要这种技能的企业进行匹配,为企业提供技能型临时工服务。猪八戒网主要通过佣金收入盈利,即从企业那里收取一定的佣金。58同城是国内知名的分类信息网站,也提供了灵活用工的服务。平台主要通过收取服务费盈利,即从工作者那里收取一定的服务费。Uber是国际知名的打车软件,也提供了灵活用工的服务。平台主要通过佣金收入盈利,即从司机那里收取一定的佣金。滴滴平台也是如此,受不同城市、订单距离长短、时间长短、拼车与否等因素影响，每笔订单会收取不同比例的平台服务费。

很多在线教育平台商家也会负责搭建平台，邀请教育机构入驻，允许教育机构在线上教育平台上提供课程和资料，而利润来源是向进驻在线教育云平台的教育机构收取服务费。这些平台都采用了服务费盈利模式，通过提供灵活用工服务，满足企业和个人的需求，并从中获取收益。

需要注意的是，不同平台的收费标准和收费方式可能存在差异。不过盈利的共同点则是平台佣金，也就是服务费。

除了以上的平台模式采用服务费盈利模式外，一些直播平台的盈利模式也是服务费模式，主要抽取主播的粉丝打赏或者礼物。比如抖音橱窗佣金的设置，其根据类目的不同，佣金比例不同。一般商品橱窗商品佣金都在 30% 到 70% 之间。

互联网平台之外的实体企业也可以通过服务费模式进行盈利。比如，美业养生行业的新玩法，服务费全让利给员工，老板通过门店衍生品赚后端的盈利。洗脚师来店里上班，店里不包吃也不包住，每个人每月要向店里交 1000 元，营业额全部归洗脚师，无论是按脚还是开背，还是让客户充值。通过这种模式，美业养生洗脚城，吸引了 30 多个技师，每个人每月交店里 1000 元，一个月就是 3 万元。店里的房租、水电费基本上就保本了。这样的店等于做成了平台，而所有的技师变成了创业的伙伴，然后员工赚自己的钱，店里却是赚服务衍生品的钱。因为每个技师服务客户需要工具，需要场地，美业场所提供场地，提供硬件，提供房间，提供 LED 屏，提供所有的东西。1000 元等于技师来到这个平台创业付的租金。如果遇到大客户充值 5 万元或 10 万元，担心技师卷钱跑路把烂摊子留给店里，还可以将充值费用暂存店里，按照技师提供多少次服务来核算，每做一次服务，店里结算一次。既能降低店里的风险，也能让技师没有后顾之忧。

现实中，搭建服务平台进行变现已经成为一种经济形态。通常由平台企业提供双边市场，连接两个或多个特定群体，并满足他们的需求。平台经济通过促进双边市场的互动和交易，创造价值并获取收益。

在平台经济中，服务费盈利是一种常见的盈利模式。平台企业通过向参与双边市场的用户或交易方收取一定比例的服务费用来获得收益。这些服务费用通常根据交易规模、服务类型、交易次数等因素计算。

例如，在共享经济领域，平台企业可能会向提供服务的个人收取一定比例的服务费用，同时向使用服务的消费者收取一定比例的服务费用。在这种情况下，平台企业的盈利取决于服务费用的总收入。

除了服务费盈利，平台经济还能通过其他方式获得收益。例如，平台企业可以通过广告收入、数据服务、增值服务等方式获得收益。这些收益模式可以与服务费盈利模式同时使用，以增加平台企业的收益来源。

常见的通过服务费模式盈利的企业还有咨询公司和策划公司，它们通常通过为客户提供专业咨询和策划服务来赚钱。这些公司的盈利模式主要包括以下几个方面：一是服务费用。咨询公司和策划公司通常会根据项目的复杂程度、所需时间和人员专业水平等因素，向客户提供合理的服务费用。这些费用通常是以小时、天数或项目为单位进行计算的。二是项目费用。咨询公司和策划公司可能会为客户提供整个项目的咨询服务或策划服务，并根据项目的规模、复杂程度和预算等因素，收取一定比例的项目费用。三是佣金收入。咨询公司和策划公司可能会作为中介机构，介绍客户给其他合作伙伴或供应商，并从中收取一定的佣金收入。四是培训和培训材料销售。咨询公司和策划公司可能会为客户提供培训课程、工作坊或在线学习材料等服务，并从中获得收入。此外，它们还可能会开发和销售自己的培训材料或工具，以满足客户的需求。五是订阅费用。一些咨询公司和策划公司可能会提供定期的咨询服务或策划服务，并按照订阅方式向客户提供服务，从而获得持续的收入。

10.服务费盈利模式

服务费模式的核心是创造价值

> 阿里巴巴张勇曾说:"想打造服务型平台,其核心是我们是否能真正为他人创造价值。正因为能够创造价值,人们才想聚集到一起,然后一起才形成一个平台。"毋庸置疑,平台服务的核心是创造价值,而服务费模式的核心也是如此。

平台企业通过提供服务来满足用户的需求,并从中获取服务费用作为收益。要实现服务费模式的成功,平台企业需要提供优质的服务和良好的用户体验,以创造价值并吸引更多的用户和交易方。

在创造价值方面,平台企业可以通过多种方式实现。例如,它们可以提供专业的咨询服务、高效的物流服务、可靠的安全保障服务等,以满足用户的需求并提高其满意度。此外,平台企业还可以通过提供个性化的服务、推出新产品或新服务等手段,以增加收益来源和提高盈利能力。

同时,平台企业还需要关注服务质量和服务体验。只有提供优质的服务和良好的用户体验,才能吸引更多的用户和交易方,并保持竞争优势。平台企业需要不断提高服务水平、加强服务质量监管、优化用户体验等,以创造更多的价值并实现可持续发展。

服务费盈利模式在平台经济中具有重要地位。平台经济中的服务费盈利模式通常被认为是实现可持续盈利的关键手段之一。

首先,服务费盈利模式可以帮助平台企业建立稳定的收入来源。通过向参与双边市场的用户或交易方收取一定比例的服务费用,平台企业可以获得持续的收益,并实现盈利的稳定性。这种盈利模式可以降低平台企业的经营风险,并提高其抵御市场波动的能力。

其次,服务费盈利模式可以促进平台企业提高服务质量。为了吸引更多的用户和交易方,平台企业需要提供优质的服务和良好的用户体验。通过收取服务费用,平台企业可以激励自己提高服务质量,并满足用户的需求。这种盈利模式可以帮助平台企业实现可持续的发展,并保持竞争优势。

此外,服务费盈利模式还可以帮助平台企业建立品牌形象和信誉。通过向用户和交易方提供专业的服务,并收取合理的服务费用,平台企业可以树立自己的品牌形象,并建立良好的信誉。这种品牌形象和信誉可以帮助平台企业吸引更多的用户和交易方,并促进其业务的发展。

11. 中介费盈利模式

> 商业的本源是什么？是合作。为什么你今天困难？就是因为你还在买卖产品的阶段，一个层次比一个层次高，层次一，两个字叫买卖；层次二，两个字叫投机；层次三，两个字叫中介。
>
> ——王冲

世界上最大的公司是中介

在我们身边常能看到各种中介公司，如房地产中介、婚姻中介、劳务中介、线上家教中介，等等。中介费盈利模式主要是指中介机构通过提供中介服务，帮助交易双方达成交易并从中收取一定比例的服务费用作为收益的模式。这种盈利模式广泛应用于各种中介行业，如房产中介、职业中介、婚姻中介等。

> 中介费盈利模式的实现过程通常包括以下步骤：第一步，中介机构提供信息咨询和牵线搭桥服务，帮助交易双方达成交易。第二步，中介机构向交易双方收取一定比例的服务费用，作为中介机构的收益。第三步，中介费机构通过不断扩大交易规模和增加服务项目，提高服务质量和客户满意度，从而实现盈利的稳定增长。
>
> 中介费盈利模式的优势在于可以帮助交易双方节省时间和精力，避免一些不必要的风险和麻烦。同时，中介机构也可以通过提供服务获得一定的收益。

例如，某房产中介公司通过提供房产信息咨询、房产评估、房产交易等服务，帮助客户达成房产交易并从中收取一定比例的服务费用。该公司通过线上和线下渠道收集房源信息，并为客户提供专业的咨询服务，帮助客户了解市场行情、制订购买计划、提供购房建议等。在交易过程中，该公司还会协助客户进行房产评估、合同签订、过户等手续，确保交易的合

11.中介费盈利模式

法性和安全性。

该公司的盈利模式是通过向交易双方收取一定比例的服务费用来实现的。具体来说，该公司会根据不同的服务项目和交易规模，收取不同的服务费用。例如，对于房产评估服务，该公司可能会按照房屋价值的百分比收取一定比例的费用；对于房产交易服务，该公司可能会按照交易价格的百分比收取一定比例的费用。

通过不断扩大服务范围和提高服务质量，该房产中介公司逐渐扩大了市场份额，并实现了盈利的稳定增长。同时，该公司还通过提供优质的服务和良好的用户体验，树立了良好的品牌形象和信誉，吸引了更多的客户和交易方。

毫不夸张地说，世界上的大公司多数是中介公司。例如，我们都知道最大的房地产公司是碧桂园，在2020年全中国销售额第一，达到了5706亿元。但有一家做中介的房地产企业，叫作贝壳，2020年交易额达1.94万亿元。显而易见，最大的房地产却没有干过最大的房地产中介。餐饮巨头鼎泰丰的交易额152亿元，这已经很牛了，但美团可以做到4889亿元。金融行业中国工商银行2020年销售额第一名，达到了8001亿元，但具有多融属性的中介余额宝，2020年总规模则是1.2万亿元。

所以，中介的盈利模式一向被人津津乐道，既不生产产品，也不用卖产品，却能够通过资源和关系，赚得盆满钵满。

中介的成本不高，比如方式之一的加盟，费用在1万元左右，加上店面费和运营费用，成本在3万元到5万元基本能搞定。而开一个实体店总投资一般在10万元以上，最重要的还有中介赚的是里头的钱，既有客户的钱，又有与公司对接的那头。中介的玩法也比实体店丰富得多，实体店受限于所售产品、行业等。中介的核心是人和信息，有人或者有资源，再或者有前沿的资源，就有盈利和收入。

任何行业都绕不过中介

中介在商业中扮演的角色主要是促进交易的达成，并从中收取一定的服务费用。中介机构通过提供信息咨询、牵线搭桥、撮合交易等服务，帮助交易双方达成交易，并按照一定的比例收取服务费用作为收益。

例如，房产中介机构会提供房产信息咨询、房产评估、房产交易等服务，帮助客户了解市场行情、找到合适的房源、达成房产交易等。职业中介机构会提供招聘和求职信息咨询、人才推荐、职业规划等服务，帮助企业和求职者找到合适的人选和职位。婚姻中介机构会提供婚恋咨询、婚庆策划、婚礼主持等服务，帮助有婚恋需求的人找到合适的伴侣并举办婚礼。

中介机构在商业中扮演的角色不仅是促进交易的达成，还是连接买卖双方的桥梁。通过收集和分析市场需求与供应，为买卖双方提供撮合服务，帮助双方达成交易，促进市场流动性的提高。同时，中介机构还可以为市场主体提供更多的商机，扩大市场规模，提高市场效率。

试想，如果没有中介，房地产和买房子的人直接交易，中国的房地产就无法崛起。因为房地产开发商要的是房子没建好之前就能把钱收回来，这样才能开发下一个楼盘，他们重视的是充足的周转资金。而买房子的人，想用最便宜的价格买房，同时先付少量的钱能住上房然后分期付款。因为二者目标不同，需求不同，如果没有中介在中间作为桥梁，往往这个房屋买卖的生意就很难做成。所以，这个时候不但有房屋中介的牵线，还有银行作为第三方中介规避双方的不讲信用。

所以，中介在信息上连通厂家，在产品上市后还能连接经销商，在后期的交易中还能连接客户。可以积极协调各方未来可能出现的危机进行市场干预，能够充分保障市场的各方利益。

> 中介之所以重要，体现在以下几个方面：其一，中介的存在缩短了买方和卖方之间的距离。相比于买方或卖方，中间人通常更有能力承担风险，因为他们时刻关注市场。其二，中介充当了可信的第三方。中介通过专业知识减少双方信息不对等，保证交易产品或者服务的质量。作为可信的第三方，中介还能够规范双方的交易行为，让交易双方都能够在交易中获得保护。其三，中介能够起到隔离买方和卖方的作用，更有利于双方讨价还价。比如大部分明星会有一个专门的经纪人，帮他处理合作和签约等事务。

总之，目前中介已经渗透到各行各业，除了上述提到的房产中介、职业中介和婚姻中介，还有其他类型的商业中介机构。例如，金融中介机构提供金融服务，包括银行、证券公司、保险公司等，在金融市场上扮演着重要的角色，为消费者和企业提供各种金融产品和服务，帮助它们进行投资、融资和风险管理；法律中介提供法律咨询、法律代理等服务，帮助客户解决法律问题和纠纷，通常与律师事务所合作，为客户提供专业的法律意见和代理服务；物流中介提供物流服务，包括运输、仓储、配送等，帮助客户规划和管理物流活动，提高物流效率和降低成本；电商中介提供电子商务平台，帮助买家和卖家进行在线交易，通常提供商品展示、交易撮合、支付结算等服务，为买卖双方提供便利和安全的交易环境。

通过收入链，赚取中介费

企业可以通过收入链赚取中介费，这种模式通常称为"收入共享"或"收入分成"。在这种模式下，企业通过提供中介服务，帮助其他企业或个人达成交易，并按照一定的比例从交易收入中分成，从而获得收益。

> 我在辅导学员的时候，曾帮助一位学员在中介合同成功落实到位并获取 3% 的利润。当时，这位学员因为在合同中扮演了中介的角色，在甲乙双方接触之前就与他们签署了代理协议。这不但可以起到桥梁的作用，还能监控甲乙双方之间的所有行为。在签合同之后，打第一笔款的时候，收到了 3% 的中介费，但在后期由于没有提前谈好按实际工程款的总额度来支付，导致后期没有收到中介费。于是，我给出了"一次性提取"建议，在签订合同以后，一次性收到总额的 3%。
>
> 还有一个学员，他通过干中介把比亚迪的口罩卖到了美国，一笔生意的中介费就赚了 4000 多万元。
>
> 所以，当老板不要什么行业都想涉足，如果想做跨行跨界的，可以做中介。中介的收入可以分为流量收入、主营收入和同心多元化。就是介于你的客户关系，可以做一些客户关系的延伸收入和资源嫁接。

例如，某金融中介机构为借款人和出借人提供借贷中介服务。该机构利用自身的信息优势和风险控制能力，为借款人和出借人提供安全、可靠的借贷平台。借款人可以通过该平台发布借款信息，吸引出借人的关注；

11.中介费盈利模式

出借人则可以通过该平台选择合适的借款项目进行投资。

某技术中介机构为科研机构和企业提供技术转移和商业化服务。该机构与高校、科研机构等建立了紧密的合作关系，通过深入了解各方的技术需求和优势，促进技术转移和商业化。具体来说，该机构可以帮助科研机构寻找合适的企业进行技术转化，并协助企业引入新技术、新产品和新工艺。同时，该机构还提供知识产权管理、技术咨询服务、创新创业培训等一系列服务，帮助各方实现技术的商业化和产业化。

中介通过收取中介费的模式来获得盈利，所以企业可以从事的中介服务多种多样，如以下几种方式。

就业中介：就业中介机构帮助企业和求职者进行合适的匹配，通常根据职位的复杂程度和所需的技能收取一定的中介费。例如，如果一家公司需要招聘一名高级管理人员，就业中介可能会提供一份经过筛选的求职者名单，并从中收取一定的中介费。

品牌推广中介：品牌推广中介帮助企业提高品牌知名度和曝光率，通常通过媒体宣传、公关活动、社交媒体营销等方式实现。品牌推广中介会向企业收取一定的中介费，以帮助企业制订和执行品牌推广计划。

供应链中介：供应链中介帮助企业寻找合适的供应商和采购渠道，并管理整个供应链过程。供应链中介通常会向企业提供供应链管理服务，并从中收取一定的中介费。

投资中介：投资中介帮助投资者寻找合适的投资机会和项目，并协助投资者进行投资决策。投资中介通常会向投资者收取一定的中介费，以帮助投资者制订和执行投资计划。

租赁中介：租赁中介帮助租户和房东达成租赁协议，并管理整个租赁过程。租赁中介通常会向租户和房东收取一定的中介费，以帮助双方签订租赁合同并管理租赁过程。

12. 参观费盈利模式

> 西湖的免费比收费更挣钱！老板们要打开思路，不要一听免费就会觉得是自己在往外掏钱，而要想想免费后面的流量，以及流量产生后带动的其他东西。
>
> ——王冲

收费景区干不过免费景区

不知从何时起,各大景区都不收门票了,景区开放免费参观非但没让老板赔钱,而且还呈现出越来越好的趋势。以西湖为例,西湖的免费比收费更挣钱,主要有以下几个原因。

增加了游客数量:免费开放后,西湖吸引了更多的游客前来参观,从而增加了游客数量。这不仅提高了景区的知名度和品牌形象,还为当地的旅游业带来了更多的商机和收入。

促进旅游消费:免费开放后,游客在景区的停留时间更长,消费意愿也更高。他们可能会在景区内用餐、购物、娱乐等,从而为当地的餐饮、零售和其他服务业带来更多的收入。

增加政府财政收入:免费开放后,游客数量增加,景区内的消费也会相应增加。政府可以通过征收餐饮、零售等行业的税费,获得更多的财政收入。

带动相关产业的发展:免费开放后,游客数量增加,也会带动相关产业的发展。例如,旅游业的发展可能会带动酒店、旅行社、旅游纪念品等相关产业的发展,从而为当地经济带来更多的商机和收入。

景区商户租金增长和营业抽成:景区人流增多以后,商家能够挣到钱,景区自然通过租金和抽成实现了盈利。

所以,看似免费的模式背后却是靠参观带来的其他费用实现了盈利。免费参观的盈利模式有多种,以下是一些主要的景区免费却能盈利的模式。

广告赞助：免费景区通常会吸引大量的游客，这是广告商和赞助商所看中的。他们愿意为景区提供资金或商品，以换取在景区内进行品牌宣传或展示的机会。

会员费：一些免费景区可能会要求游客成为会员才能进入。虽然这看似是一笔额外的费用，但会员可以享受到更多的服务和优惠，比如优先入园、会员专属活动等。

餐饮和商品销售：免费景区内的餐饮和商品销售往往非常可观。景区可以提供各种美食和小商品，以吸引游客消费。这些销售收入可以帮助抵销景区的运营成本。

增加景点和收费项目：免费参观可以吸引更多的游客，从而提高景区的知名度。在此基础上，可以增加新的景点或收费项目，例如主题公园的额外付费游乐设施、特色展览等，以此获得更多的收入。

政府补贴：在一些情况下，政府可能会为免费景区的建设和维护提供补贴。这些补贴可以帮助景区抵销部分运营成本。

不管哪种盈利模式都建立在游客足够多的基础上，只有游客来了，景区才能称为景区。

2001年之前杭州西湖景区是收费的模式，门票180元。从2001年以后把杭州西湖所有的围栏全部拆掉，实现了免费模式。由于免费，游客立刻增多了，人们早晨去西湖散步，中午在西湖周边用餐，晚上到西湖看如"西湖印象"这样的节目，遇到节假日还去西湖酒吧听音乐。总之，大家一听免费，结果对西湖景区趋之若鹜。西湖景区把免费给了游客，游客把时间留在了西湖。游客的时间在哪里，钱就会花在哪里。景区看似免费，实则周边的一切衍生商品和服务都在收费，这是一个非常高明的参观费盈利模式。

根据这样的思路，我帮一个健身场馆做过一次策划，用的就是这种免费的盈利模式。比如，办了面值 3800 元的健身会员卡，来健身第一次退 100 元，健身第二次退 150 元，健身第三次退 200 元，健身第四次退 240 元……以此类推，直至 26 次练完。最初很多人不明白这种免费的健身思路，等到真正执行的时候才发现很好用。因为健身的人即使办了卡也不一定经常来，往往来几次卡就废了。健身的人损失了费用，健身场馆看似吸纳了几个会员，长此以往肯定经营不起来。用了这种健身退费的模式，会员来得非常积极。在锻炼的过程中渐渐爱上了健身，就会有从最初的基础健身开始转向更专业的定向健身，增肌或者减肥等的多样化需求。这个时候健身场馆里的一些衍生产品就派上了用场，比如蛋白粉和健身配套的服装、产品等。最后健身场馆不但吸纳了会员，还通过其他渠道获得了收入，一举多得。

所以，老板们要打开思路，不要一听免费就会觉得是自己在往外掏钱，而要想想免费后面的流量，以及流量产生后带动的其他东西。景区单一的门票经济难以适应现阶段消费者的需求，也难以形成有效的资金循环。而通过免费的模式，却能实现真正的收费目的。

免费参观打造现象级"网红"

免费不是不要钱，而是一种利他的思维方式，只要你的活动有驱动力，能吸引客户的眼球，并能带来流量让客户有冲动消费的结果，这些都是好的免费模式。

例如，陕西关中平原腹地礼泉县的袁家村，通过开放免费参观模式，带火了乡村旅游，景区火爆，成了中国乡村旅游现象级的"网红"。

袁家村是一个著名的旅游景点，位于陕西省咸阳市礼泉县以北，坐落于著名的唐昭陵脚下。袁家村以乡村旅游为突破口，通过挖掘关中民俗

12. 参观费盈利模式

文化、转型升级做乡村度假、全面提升服务品质、发展乡村旅游电商等手段，探索出了一条旅游助力乡村振兴的新路子。袁家村通过打造农民创业平台，解决产业发展和农民增收问题。游客可以在这里品尝当地美食、购买特色产品、体验传统手工艺等，从而带动了当地农民的创业和就业。袁家村以股份合作为切入点，创办农民合作社，解决收入分配和共同富裕问题。农民可以通过合作社参与旅游产业的分红，从而获得更多的收益。袁家村以农村电商为契机，依托平台资源优势，解决转型升级和持续发展问题。通过电商平台，游客可以在线预订门票、酒店、餐饮等服务，为当地农民提供了更多的商机和收入。

另外，袁家村还注重民俗文化的宣传和推广，全体村民集体过大年，这是一个具有当地特色的传统活动。游客可以在这里感受到浓厚的年味和民俗文化氛围，也可以参与到各种庆祝活动中。袁家村通过发展乡村旅游产业，带动了当地农民的创业和就业，提高了他们的收入和生活水平，从而实现了乡村振兴的目标。

由于袁家村的火爆，带来了超常的人流量，因此带来的经营收益也颇为可观。袁家村虽然已经属于4A景区，却是免费开放不收门票的旅游景区，并且和传统的景区不一样，属于24小时开放，游客一年四季可以随时进出，自由停留。正是这种免费参观、自由开放的方式，极大地满足和迎合了中国游客"喜欢免费"的心理需求，平均每天吸引上万名游客自发前来。同时，对商家也"免费招租"，不收取房屋租赁或扣点提成，农民经营户凭特色餐饮考核入园，免费入驻，规范经营，定期考察的方法，吸引了陕西、河北、四川、湖南、山东、山西等地的优质商户入驻。由此，快速带动了当地的经济，实现了真正的盈利。

当不少企业还在为产品定价烦恼时，免费策略已被运用到了极致。虽说"天下没有免费的午餐"，但我们生活中随处可以看到免费的软件、免费的食物、免费的服务等。

> 所以，真正的免费模式，是借助免费手段销售产品或服务建立庞大的消费群体，塑造品牌形象，然后再通过配套的增值服务、广告费等方式取得收益的一种新商业模式。相比部分免费模式，全部免费似乎让企业失去了盈利的可能，但是只要产品的质量足够可靠，服务足够极致，前期的免费产品成本完全可以通过提高顾客忠诚度的方式收回。

收取参观费的盈利模式

在现代社会，参观体验已经成为人们生活中不可或缺的一部分。无论是旅游景点、博物馆、美术馆、动物园还是游乐场，参观体验已经成为人们休闲娱乐的重要方式。然而，如何打造完美的参观体验呢？参观费模式是一种有效的解决方案。

参观费模式是一种以消费者支付一定参观费用为主要收入来源的商业模式。通过合理的定价策略和服务质量的提升，参观费模式可以带来以下几点优势：其一，通过提供专业的讲解、良好的设施和干净的环境，参观费模式可以提升消费者的参观体验，增加消费者的满意度和忠诚度。其二，参观费模式可以为景区或企业带来稳定的收入来源，同时也可以促进当地经济的发展。其三，通过合理的定价策略，参观费模式可以平衡需求和资源供给，提高资源利用效率，同时也可以保护景区或企业的资源。其四，通过合理的定价策略和环保措施，参观费模式可以促进景区的可持续发展，也可以提高企业的社会责任感和品牌形象。

前面我们提到了免费模式引路，增值服务赚钱的思路，既有部分免费也有全部免费，而所有的免费背后依然是为了收费而准备的。不是所有的景

12.参观费盈利模式

区都采用免费模式，有不少景区依然收取门票和参观费，不少企业也已经开始积极布局收取参观费这种盈利模式了。一些知名的企业和景区如故宫，一票难求的时候，需要通过网上预交参观费的方法进行抢票。而其他如参观知名大学、参观著名城市、企业等，也开始做起了收取参观费的模式。

例如，阿里游学项目赚钱模式主要是通过向参与者收取一定的费用来实现盈利。这些费用可能包括报名费、课程费、住宿费、餐饮费等。向参与者收取一定的报名费，用于覆盖项目的组织成本和部分教学成本，报名费可能根据不同的项目和课程而有所不同。阿里游学项目可能会提供一些具有附加值的课程，如语言课程、文化课程、职业发展课程等。这些课程可能会收取一定的费用，以覆盖教学成本和部分住宿、餐饮等费用。在游学期间提供住宿服务，并收取一定的住宿费用。这些费用可能用于覆盖住宿设施的维护和管理成本。阿里游学项目可能会提供餐饮服务，并收取一定的餐饮费用。这些费用可能用于覆盖食品采购和烹饪成本。

阿里游学项目可能会组织一些旅游活动，如景点游览、户外探险等。这些活动可能会收取一定的费用，以覆盖活动组织和管理的成本。阿里游学项目需要投入一定的资金用于营销和推广，以吸引更多的参与者。这些费用可能包括广告制作、宣传材料制作、社交媒体推广等。阿里游学项目还可能会收取其他一些费用，如教材费、保险费等，以覆盖项目的不同方面的成本。

需要注意的是，不同的阿里游学项目可能会有不同的赚钱模式和收费标准。此外，一些项目可能会得到政府或企业的赞助或支持，从而减少或免除部分费用。

未来企业需要布局收取参观费这种模式，比如可以通过和政府以及社会资本合作的方式，打造文化、旅游类项目，遍及城建、体育、农业、商业等复合性文化产业开发、运营的创新模式。

与传统的项目相比，文旅领域的项目进入门槛低、回报周期短，更易于民间资本的参与。具体做法可以参考以下步骤：第一步，聚焦主题。找到项目核心灵魂，串联全域，挖掘项目的文化基因，构筑项目游览特色。通过文化符号和文化产品植入丰富的功能和业态，打造项目标签和名片。第二步，规划业态。在满足基本游客的基础上，根据不同年龄、不同时段、不同地域客群布局多元化、全方位业态。例如，某地文旅项目景区集"自驾+露营+研学教育+户外拓展"等多种经营模式于一身。第三步，盈利设计。在传统门票的基础上，可以拓展产业如游戏电竞、艺术、康养等收益，或文创、私域社交电商等新的经济收益。第四步，打造氛围经济。通过视觉冲击力的景观节点、休闲街景和水景、景观和小品、夜景亮化等，提升整体商业氛围。同时可以借助商旅、研学产品体系，为项目注入源源不断的客流，实现"淡季不淡，旺季更旺"的运营局面和盈利模式。

企业搞付费参观模式需要注意以下几点：一是定价策略。企业需要制定合理的参观费用，考虑到成本、竞争对手和市场需求等因素。定价既要能够覆盖企业的成本，也要考虑到消费者的购买能力和需求。二是服务质量。在提供付费参观服务时，企业需要提供高质量的服务，包括专业的讲解、良好的设施、干净的卫生等。服务质量的好坏直接影响到消费者的满意度和口碑。三是营销策略。企业需要制定合适的营销策略，以吸引更多的消费者前来参观。可以通过广告宣传、社交媒体推广、合作伙伴关系等方式来提高知名度和曝光率。四是风险管理。在付费参观模式下，企业需要面临一些风险，如安全问题、财务问题等。因此，企业需要制定合适的风险管理措施，确保参观活动的顺利进行。五是客户反馈。企业需要关注消费者的反馈和意见，及时改进服务质量和提升客户体验。通过收集客户反馈和建议，企业可以更好地了解市场需求和消费者需求，为未来的发展提供有价值的参考。

13. 招商盈利模式

好的招商会通常都是设计出来的，招商其实真的非常简单，即不给钱，不谈生意！招商不是招代理商，而是招募商业合伙人。

——王冲

招商模式七大流程拆解

看到别人招商成功,看到他人招了合伙人,很多人也想这样做,却不知道具体该如何操作。其实,招商很简单,逻辑并不复杂。传统行业如果想转型做招商,可以参考以下步骤。

步骤一:找到精准客户群。

要想取得理想的招商效果,首先就要有精准的客户群,否则就不要这样做。那么,如何才能找到精准客户群呢?一是定位目标市场。明确自己的目标市场是什么,了解客户群体的需求和偏好。二是制定营销策略。为了吸引潜在客户,就要制定适合的营销策略。三是进行数据分析。利用各种数据来源,了解客户的需求和偏好,制定精确的营销策略。四是建立合作关系。与客户建立一定的合作关系,共同推广你的产品和服务,并吸引更多的潜在客户。五是提供有价值的内容。通过视频等方式,为客户提供跟项目或产品有关的信息。

步骤二:合理的招商流程。

招徕客户之后,必须按照一定的招商流程来进行,否则就无法成交。

为什么有些人站在台上讲了5分钟、10分钟,却没人买单,原因之一就是讲话缺少流程。为什么有的人虽然只讲了10分钟,却能得到台下听众的认可,收到很多订单,原因就是他是按照流程和逻辑来讲的。

我去过很多地方,不需要太久的时间,只要给我10分钟到30分钟,我就能将现场的5%到30%的人变成客户。为什么能有这样的效率?原因在于我是按照一定的标准逻辑、标准的流程进行演讲的,知道客户为什么听我的演讲，我讲的内容对客户有什么好处，如何才能向客户证明我讲的是真的，如何让客户立刻行动，客户立刻行动的好处是什么……按照这个流程来讲，很多客户就会被你打动。

步骤三：设计漂亮的招商 PPT。

在商业竞争日益激烈的时代，招商 PPT 已经成为企业展示自身价值和吸引潜在合作伙伴的重要工具。因为在这个招商 PPT 中，能够明确很多问题，让客户一目了然：你是做什么的？你为什么要做这件事？你做这件事的目的是什么？你准备怎么做这件事？我给你投钱，能获得什么？我该怎么投？我为什么要现在跟你合作？招商项目再好，没有一个好的 PPT，就已经输掉了一半。

步骤四：制作招商视频。

要想让潜在合作者对你讲的内容有信心，让对方知道你是谁？你是干什么的？我为什么要跟你合作？跟你合作有什么好处？为什么现在跟你合作？就要制作一个令人满意的招商视频。

步骤五：确定完整的招商方案。

完整的招商方案可以明确：客户到底用什么方式跟你合作？有没有风险？方案没有杀伤力，招商通常都不会成功。

当然，招商方案的制定，既要考虑方案的可行性，还要考虑方案的可选择性。同时，制订的招商方案还要切合实际，目标要能实现或经过努力就能实现，不能不顾实际凭空拍脑袋，制定无法实现的目标。

步骤六：招商合同。

要想将招商做好，就要制定标准的合同，让对方明白：我为什么要投你？我怎么投？投了钱，我能获得什么？你怎么能保证我稳赚不赔，我的投资风险在哪里？如此，对方才会愿意跟你合作。

步骤七：组建一支好的招商团队。

要想招商，就要组建一支招商团队，而招商团队必须掌握三个技能：引流的能力、流量变现能力和裂变能力。也就是说，招商的流量从哪里来？流量来了之后，我怎么把它变现？怎么将他们变成商业合伙人？我怎么把合伙人背后的资源再次裂变和开发？

> 流量通常来源于三个方面：其一，自己建流量池，或者直接购买，比如抖音买流量、淘宝买流量。在抖音上做广告，在淘宝上做广告，在百度上做广告，就是卖流量。其二，学会借。什么叫借？哪里有流量，我就交钱给哪里。其三，借机展示自己。比如，借你的道场，我上台讲10分钟，讲完之后，就会成交第一批会员，然后再在会员里进行筛选。

团队要有变现能力，否则效率就会很差。这里有经典的三句话："业绩治百病，服务定天下，现金解千愁！"

业绩治百病：有了业绩，员工就会有提成，公司就可以给行政后勤多发一点分红业绩，就可以有源源不断的现金流。

服务定天下：给客户提供一个产品，仅迈出了交付的第一步，而良好的服务精神和服务策略，才是公司发展的重要原因。

现金解千愁：现金流的核心就是变现，也就是所谓的裂变。招商结束并不代表事情的完成，要具备服务合伙人并把他们变现的能力。

负债不可怕，只要老板有想法

现在有许多老板债务缠身，日子过得举步维艰，如何翻身？答案是开招商会！

我有一个学生，人们都称他为梁总。他曾经是一个很知名的人物，很多广东人都知道他。

有一天，他来找我聊天，说自己负债很多，想搞个新项目东山再起。我说，没问题！我本身就是做商业策划的，一共经历了三次从一无所有到东山再起：第一次是离开昆明钢铁公司独自创业，成立了一家装修公司，最终没做起来，身无分文地离开昆明。后来，我从昆明去了武汉，从母校走到湖南，在湖南花了一年零两个月的时间，还完了债务。然后，我到了东莞，经过一番打拼，稍有起色，结果去了澳门后又一无所有。

我告诉他，我自己就有过三次这样的经历，我相信只要你愿意，一定能从无到有。如果你真想合作，我就给你一个星期的时间，看看能不能找一个不同的项目。只要你能找到这个项目，我就给你组织一场招商会，收几千万元，有了这笔钱，事情就解决了一大半，至少能让基金公司看到你有收钱的能力、让债权人看到你能够组织众人变现。

其实，我之所以要这样讲，就是希望他能知难而退。但会长告诉我，他每天都会双腿绑上4千克的铅块练习跑步，已经坚持了10年，风雨无阻。我觉得这样的人确实少见，能把烟和酒戒掉都已经是高手，能在腿上绑那么重的铅块练习跑步，且坚持了10年，非一般人的意志所能比。所以，我对他说，咱们可以先试一下，你先交点定金，等把事情做完了，就按照这个步骤来操作。

一个星期后，梁总告诉我，他找到一个好项目，是一个在华南理工大学工作的朋友告诉他的。他们研发了一种非常厉害的汤剂，喝了它，能把醉驾变成酒驾，把酒驾变成没事。

我觉得这个东西不错，就让他寄一点到上海来。几天后，我收到了他寄来的东西，然后开始自我测试。后来，我回复他说，这个东西杀伤力很大，市场需求量一定大，这件事可以干。很快，我就收了他的定金。然后我和他们公司总裁组建了一个群，开始操作。

所以，商业策划并没有想的那么复杂，80%都是在微信群里完成的，20%是你来我公司或我去你工厂，大家一起把剩下的完成，最后把它变现。

2019年7月9日中午，我利用休息时间，给梁总发了很长的一段文字：

从战略上选择做量还是求利，决定了设计的方向。你不要什么都要做，如果要做量，就按量来设计；如果要求利，就按照利来设计。此外，求利是求不到的，只能做量。

明白消费者的模型，消费者针对的是C端，合伙人针对的是B端，这是两个完全不同的概念，不能混为一谈。

尽量设计出成本模型和底线，进行倒推，比如：是否送赠品，送多少钱的赠品？如何操作？如果没有成本和盈利模型，我就无法帮你设计出来。

用某某的赠品，肯定无法持续。曾经我的很多学生都使用过，结果都没有坚持多长时间。

外部宣传邀约，要安排专门的人来设计，找到痛点和需求点。

时间不多，尽快落实。修改完成后，我亲自去深圳，现场成交了50万元。然后，给客户一定的好处，具体包括：好处一，给他150万元的提货卡；好处二，用完提货卡后，再买提货卡，打四折；好处三，团队奖有多少？好处四，团队天天奖有多少？什么叫团队天天奖？就是团队每天只要增长业绩、有新的业绩，我都予以奖励。

招的不是代理商,而是合伙人

代理商通常都是拿钱卖货,完成一次库存转移,而今天我们需要的是合伙人。那么,什么样的人才能成为你的商业合伙人?并不是只要出点钱就能成为商业合伙人,就像企业经营一样,不是员工只要拿点钱就可以给他股份。

商业合伙人的四大前提如下:有资源、有能力、有意愿和有钱。你收了对方的钱,他却没有资源,也不具备在当地转换资源的能力,商业合作就容易产生矛盾。所谓有资源,就是这里的资源必须跟你的产品和服务相匹配,而不是乱七八糟的其他资源。当然招纳合伙人,还要注意资源本身的不确定性风险。很多合伙人加入创业项目的时候,承诺给这个项目带来资源,但他的资源不是量化的,比较含糊而概括,没有依据可查,如果是这样,合伙人最后很容易闹掰。一方认为,他应该把资源带过来,另一方却认为我已经做到了当初承诺的事情,并不需要把某个具体的资源带过来。一旦产生这种分歧,就容易出现股权纷争。所以,引进合伙人的时候,一定要把他带的资源尽可能地量化。所谓有能力,就是招纳的合伙人要具备资源变现能力,如果没有,就不要合作。所谓有意愿,就是对方是认同和支持你的,愿意掏钱给你,否则就不是真认同。所谓有钱,就是合伙人不能一穷二白,最好手里有一定的资金。

要想提高招商效果,就要具备以上四点。今天很多老板都想收别人的钱,想把项目推出去,但你的商业思维决定着你的意识,你的意识决定着你的行为,你的行为决定着你的结果,想要怎样的结果就要建立怎样的商业思维。

> 举个例子。假如开办一家餐厅需要 100 万元，你自有资金 20 万元，现在还缺 80 万元，你应该怎么做？有人说需要招 80 万元的股东，有人说需要招商，有人说要让消费者来投钱。多数老板会做出两种选择：一种是借款，另一种是做股权融资。其实，这两种办法都不是最好的选择，因为你都要付出代价。首先，借钱是一种债权，必须在约定的时间归还，否则就会引起民事经济纠纷；其次，股权融资，需要付出股份，付出所有权，所以这两种都不是首选。其实，只要改变思维，改变意识，改变行为，结果就能发生改变。

所以，最好的做法是通过招商，把别人的钱收过来，同时将自己的生意推出去。

14. 保证金盈利模式

招商的核心是让加盟商能从你这里赚到钱,能够跟着你赚到钱。否则,没人愿意跟着你。

——王冲

保证金进行快速裂变

> 如今，在商品或服务消费领域，品牌溢价和信誉比重逐步提升，为了加快销售渠道建设速度，很多老板都会使用合作加盟的方式。而为了规制加盟商遵从自己的管理，这些老板还会在订立协议时要求加盟商缴纳一定的保证金，然后通过分配机制来进行快速裂变。如果对方交了30万元的保证金，彼此的分配比例就是我七你三；如果保证金是50万元，分配比例就是五五分；如果是100万元，分配比例就变成了我三你七。因为他们知道，合伙人的力量比加盟商厉害100倍！

其实，保证金可以看作加盟商和总部之间的一种信任机制，可以确保加盟商能遵守合同规定并严格执行经营策略。同时，保证金还可以作为加盟商的启动费用，用于支付运营项目所需的费用和资金，比如：装修、租金、设备、员工工资以及开业前的一些其他费用。

第一，加盟需要缴纳保证金的原因。

首先，保证金是一种约束和信用的担保，能够确保加盟商在经营过程中遵守合同规定，不进行违规操作。加盟商违反了合同规定，会对公司的声誉和经营造成不良影响，保证金可以增强合伙人的责任感和自我约束力。

其次，为了保障公司的利益。在加盟合同中，公司通常会承担一定的责任和风险，例如：为加盟商提供技术支持、人员资质等。如果加盟商在经营过程中出现失误或违规行为，总公司就需要承担相应的责任或损失，这时候就能通过扣除保证金来弥补自己的部分损失。

最后，还可以提高加盟商的积极性。保证金也是一种投资，加盟商如果能够按照合同规定做好自己的事，就算后期与总部不再合作，这笔保证金也会被退还。这样算起来，加盟商并未遭受损失，反而还可以促使他更好地经营，提高业绩和效益。

第二，保证金什么时候退？

保证金的退还，有这样两个时间节点：一是产生第一单业绩就退保证金，但第一单业绩必须超过50万元。也就是说，只要拿到第一单，业绩超50万元，就退还保证金。二是约定时间到了，按银行利息退还保证金。如果时间到了，加盟商一单业绩都没有产生，就直接退还保证金，解除合伙人关系，保证金没有任何风险。

钱交得多，就分得多，如果对方觉得自己跟负责市场的人很好，通常都愿意交这笔钱，比如100万元。原因何在？因为一个工程2000万元，净利润1500万元，他自己能够分70%，1500万元×70%=1050万元，他当然愿意干了！而且，这100万元最终还会退给他。降低了门槛和难度，合伙人自然就愿意了。

当然，这里的30万元、50万元、100万元，也可以是10万元、30万元、50万元，具体收多少，要根据你的行业来做出约定。如果做得好，确实能收获不少钱。

这里只设计了一个合伙人推荐合伙人的机制，最多的时候就收到了1亿多元保证金，全国大概有800个合伙人，开了近30场招商会，这些人都是合伙人邀约的。

让加盟商跟着你赚钱

招商的核心是让加盟商能从你这里赚到钱，能够跟着你赚到钱。否则，没人愿意跟着你。

有一个来自浙江金华的中国著名人文奶茶某品牌，创立伊始就把未来的市场定位为全国三、四、五线城市。因为，低线城市居民购房压力小，除去房贷后，可支配收入高于一、二线城市，消费能力更强。

该品牌看到了低线城市（即四线及以下的城市）的商业机会，觉得在这些地方，更可能为创业者赋能，让创业者轻松赚钱致富，为消费者带来优质的奶茶文化体验和身心愉悦的产品。

产品研发团队，选取新鲜材料，不断研制新品，为创业者带来了"保姆式"全流程服务。从成为创业伙伴的那一刻开始，加盟者就能享受培训、物流、策划、客服等"保姆式"服务，减少了后顾之忧。

该品牌专注于三、四、五线城市，在星巴克涉及不到的区域，拥有座位区，打造了家和学校（或公司）之外的第三空间。从目前的加盟数据来看，多数人都在半年内实现了盈利。

其实，招商非常简单，逻辑并不复杂。招商的核心不是要收他的钱，而是怎么让别人从你这儿赚到钱，只想收别人的钱，招商方案通常都不会成功。

我有一个学生，原来在沈阳做销售，开门店招加盟商，运作了5年，共开了100多家店。现在做招商，两年时间就开了近3000家店，靠的就是到处招合伙人，寻找重要的资源节点人。因为合伙人手里也有节点的资源人，只要打开了0到1、1到3、3到10，那么10就能到100，每个月开一期资源合伙人会议，当合伙人达到1000个时，就知道自己的生意能做多大了。

你的思维就是：把货全部给合伙人，让他们交给你钱。如果对方跟你讨价还价，你就换一个角度，想想：如何才能让他将钱给我，让他赚更多的钱……解决了这些问题，对方自然就愿意主动掏钱了。

15.
合伙金盈利模式

> 只要将合伙人名额卖完了，商品自然也就卖出去了。告诉客户有权益二、权益三、权益四、权益五，对方多半都会掏钱购买，定然物超所值。
>
> ——王冲

茶园合伙人模式设计

手上有货的老板,如何才能把产品变现?先来看看我是如何将茶叶从过去一斤一斤地卖,发展到现在一亩一亩销售的?

我设计了一个合伙人方案,如表 15-1 所示。

表15-1 合伙人方案设计

级　别	投资额	权　益
创业合伙人	10万元	给他价值15万元的茶叶
城市合伙人	30万元	给他价值60万元的茶叶
战略合伙人	100万元	给他价值300万元的茶叶

只要将合伙人名额卖完了,商品自然也就卖出去了。此外,还有权益二、权益三、权益四、权益五,客户购买我的茶叶,定然物超所值。这里,我并不是在卖茶叶,而是在卖合伙人名额。

举个例子。你购买了我的茶叶,喝完了,钱没了。现在你帮我推荐合伙人,可以得到两个好处:一个是推荐合伙人产生的业绩,你可以得到 10% 的佣金或 15% 的佣金或 20% 的佣金;另一个是,这样一来,就将传统的消费者变成了消费商。

举个例子。投资 30 万元的城市合伙人,过去花 30 万元买茶叶,自己买自己喝,喝完就结束了。现在我做投资 30 万元的茶叶合伙人,把几个人带去参加你的招商会,每人买 100 万元。如果这个合伙人做了 1000 万元业绩，就能拿 100 万元，你拿他后面业绩的 10%，等于拿了多少？100 万元加 15 万元，共计 115 万元，而我刚开始做茶叶，只花了 30 万元。所以，只要购买，我的合伙人名额，你不仅能喝到茶叶，还可以赚到钱。

如果一年你能招 100 个这样的合伙人，产值就会增加 1 亿元；当你有 100 个合伙人，公司就不会倒闭了；当你有 1000 个合伙人，公司就会成为行业领先者；当你有 1 万个合伙人，任何人都无法打垮你。

招商是不是非常简单？

首先，确定合伙人的投资额。 创业合伙人投资 10 万元，城市合伙人投资 30 万元，战略合伙人投资 100 万元，你就给他相应的权益：交 10 万元，就让他消费 15 万元；交 30 万元，就让他消费 60 万元；交 100 万元，就让他消费 300 万元……

其次，推广权益。 老板一定要明白，招合伙人跟消费者是两个不同的概念，不要把消费者变成合伙人。合伙人的核心不是来你这儿消费，而是让他帮你裂变更多的资源关系。比如，你推广一个合伙人，交 10 万元，我就给你 10% 的佣金；交 30 万元，我就给你 20% 的佣金；交 100 万元，我就给你 25% 的佣金。你帮我推广多少业绩，我就给你总业绩的百分之多少。

最后，再加上其他权益，就会变成一份招商说明书。

如何设计招商合伙人方案

既然要招合伙人，就要制订合理的招商合作方案。这里，我们具体情况具体分析。

第一，创业合伙人。

什么人可以成为你的创业合伙人？这样的人需要具备一定的条件：一是资源互补。既然要合伙，就要资源互补，彼此能取长补短，我不能没有你，你也不能没有我，谁也不能缺了谁，资源互补，能力互补，才能成为创业合伙人。二是独当一面。我分内的事情，我处理；你分内的事情，你处理。比如，你负责产品技术，我统揽全局。各认领一亩三分地，就是最好的创业合伙人组合。三是要"背靠背"。就是说我的后面交给你，你的后面交给我。前面的事情我来处理，后面的事情由你来处理。互相信任，才能形成一个比较好的共同体。四是共同出资。最好能共同出资，但出资不一定要求同比例，比如，一个项目初始估值是 500 万元，你有 5 万元就尽量出 5 万元，有 10 万元就出 10 万元，因为出钱跟没出钱完全不一样。

如何才能找到适合的创业合伙人？这需要采取一定的方式方法：一是处心积虑，花费一定的时间，在一切他有可能出现的地方去发现他、选择他。二是不要从招聘和猎头那里寻找，因为来自这些渠道的人都是打工心态，不适合做创业合伙人。三是发现了疑似对象，可以先从以下几个方面来考察：创业初心、志向、价值观、性格、心态、思维方式、兴趣爱好、原生家庭、教育背景和工作背景、经历、经验、能力、资源……四是如果觉得可以发展，还要给双方一个磨合期，先合作再合伙。

第二，城市合伙人。

简单来说，城市合伙人是在传统分销渠道的基础上融合了粉丝经济、会员经济、合伙人制度等中心思想而形成的商业模式。城市合伙人不需要缴纳加盟费，当然也可以象征性地收取保证金，但金额不用很多，因为他本身既是用户也是股东还是合伙人。

城市合伙人目前大致有三种模式：一是股权架构上的"合伙"关系。比较典型的案例是功夫熊。功夫熊把现成的模式、系统、经验和资源都毫无保留地提供给合伙人，设计合理的机制，均分回报和资本收益。二是"无任何成本式"城市合伙人。该类合伙人是借助与整合"货品资源、品牌资源、渠道资源、物流资源等"来为自己创业。合伙人不需要支付任何费用，收入的形式是"无底薪＋佣金"。三是"保证金式"城市合伙人。这类合伙人关系，基本上与第二种类似。唯一不同是，在成为城市合伙人之前，需要支付一笔保证金。

"城市合伙人"这个新词汇出来之前，公司拓展业务，一般有两种做法：加盟和直营。直营，其实是一种纯粹的公司分身术，既能保证服务和产品的质量，也能保证团队的管理。但需要公司亲力亲为，压力很大。加盟则不同，既省钱又省人还省事，实为公司异地扩张的妙方。

城市合伙人模式相当于两种加盟方式的结合，既不会把加盟者推到自负盈亏的极端，也不会让加盟者赚得越多被"剥削"得越多。

第三，战略合伙人。

战略合伙人，不仅是企业文化的奠定者与坚守者，也是企业独特基因的发明者与传递者。他们有共同的价值观，对某项事业的前景保持理性乐观态度，对企业的未来发展方向有一致的愿景，合作的成功率比较高。由于利益与梦想一致，企业就容易取得辉煌的成绩。因此，对于初创团队而言，强有力的合伙人比商业模式重要得多。

16. 优秀员工盈利模式

> 就看他的资本在不在你这儿，钱在不在你这儿。钱在哪里，心就在哪里；心在哪里，人就在哪里；人在，这件事就能成。钱不在，心就不在；心不在，人就不在；人不在，这件事就得败。
>
> ——王冲

华为给天才开出天价薪水

对于华为，相信很多人都听说过它的故事，但对于华为的天价薪水却很少有人了解。其实，天价薪水的给付也体现了任正非的魄力。

> 为了得到俄罗斯的数学天才，华为开出了天价待遇：一个待遇是一年给100万欧元，供他玩乐；另一个待遇是他可以不来国内上班；还有一个待遇是在俄罗斯专门为他建造数学研究室。
>
> 最终，这个人一共玩了四年，花了400万欧元；华为还给他建了一个实验室。但他还不来上班，整天只知道打游戏。华为内部很多人都开始质疑任正非的决定，但任正非只说了一句话：人才在关键时刻才知道！
>
> 四年半之后，突然有一天这个年轻人告诉华为总部，我破译了2G到3G的奥秘，知道2G到3G是怎么升级的。这时华为意识到，既然他能破译2G到3G，那就能破译3G到4G，现在是4G到5G。

一定要记住，人才不贵，庸才最贵，公司最怕的不是一个月拿两三万元到四五万元提成的人，而是每个月拿五六千元底薪的人。华为的故事告诉我们，不管你是想要一支雇佣团队，还是想要一支合伙人团队，以下三条，一个都不能落：一是如何选人，选什么样的员工，选什么样的合伙人合作；二是如何用人，怎么把人用到该用的位置；三是怎么帮助他成长。

第一，是用有能力的员工，还是用有德行的员工？

如果这里有两个员工，一个员工有能力，但脾气性格德行不好，自私自利；而另一个员工能力一般，但德行很好。你会用哪一个？相信很多老板会直接回答：用有德的！选人先选德，用人先选德。但经营企业的结果不是靠德行出来的，个人的品德会受外在的环境和周围氛围的影响。

善恶只在一念之间，再善良的人曾经也起过恶念，再恶的人曾经也有过善心。好人和坏人没有绝对，只是因为立场不同，所以只要改变立场，这个人就会发生改变。老板不用去改变员工的德行，而是要改变员工的立场。

第二，从某种意义上来说，批评和责骂也是一种助人的手段。

有时候我们要赞扬孩子，有时候也要批评他、骂他，甚至在违背底线规则和核心价值观的情况下，打你的孩子！但你的目的非常清楚，是帮助他成长。

同样的道理，帮助员工成长就是在培养他，其实开除员工也是在帮助员工成长，因为开除也是一种帮助的手段，包括批评、责骂。不管是老板的批评、责骂，还是怎么样，都有利于员工完善自我。

员工确实需要成长，老板可以用自己的方式来帮助他。所以，不一定对人和颜悦色就是育人，育人的方法手段有很多，批评、责骂甚至开除，都可以帮助他人成长。

钱在哪里，心就在哪里

企业经营的逻辑和核心是，用自己的钱，操自己的心；用别人的钱，让更多人一起努力。

表面上看起来是事，事的背后其实是人；人的背后是心，心的背后是钱。这个商业逻辑非常重要。所以，表面上是一件事，但要看是由谁来做这件事，不同的人做，结果就不一样。事的背后是人，只要人对了，事也就对了。

如何才能看这个人是对的？要看他的心。人在这里，心不一定在这里。就像夫妻一样，虽然每天都睡在一张床上，但对方的心未必在你这儿。

如何证明他的心在你这儿呢？很简单，就看他的资本在不在你这儿，钱在不在你这儿。钱在哪里，心就在哪里；心在哪里，人就在哪里；人在，这件事就能成。钱不在，心就不在；心不在，人就不在；人不在，这件事就得败。所以，事情的成败取决于生产资料在哪里。员工的生产资料在企业，他就会替企业操心；若他的生产资料不在这里，那就不一样了。

我经常会问学员一句话，怎么才能知道你老公爱不爱你？其实，要想看男人爱不爱你，只要重视一个字即可，它就是——钱，他要么愿意给你花钱，要么愿意将钱交给你保管。如果男人既不愿意为你花钱，也不愿意把钱给你管，你还能说他爱你吗？

有些学员认为，人在一起不叫团队，心在一起才叫团队，真是这样吗？

公司的高管和优秀员工把钱存在银行，肯定都希望银行好，因为银行倒了，他们的钱就没了。换个角度，如果高管和优秀员工把存在银行的钱拿出来存入企业，他们就会希望企业好，因为企业倒闭了，他的钱就没了。所以，大家好才是真的好。

什么叫大家好？就是你好我好他好。交钱才能交心，交心才能交人，交人才能成事，这是亘古不变的定理。所以，老板要想雇用高管，首先不是分钱，往往越分钱，钱越少。一定要记住，财聚人聚，财散人散。为什么很多人不愿意离开华为？因为华为的所有高级高管、优秀员工，都将自己每年赚来的钱投资在了华为，也因此华为有9万名员工持股。员工跟华

16. 优秀员工盈利模式

为变成了利益、事业甚至命运共同体，华为好，员工们就好！

> 马云在创业时，"十八罗汉"为何都不愿意离开他？因为大家把钱都交给他了。
>
> 刚创业的时候，马云需要50万元资本金，他却只有22万元，找"十八罗汉"募集了28万元。后来，没钱交水电费以及其他费用，他又找员工募集了第二次钱。再后来，互联网危机来了，他又找"十八罗汉"，募集了第三次钱。大家都将钱交给了马云，自然就不能走，否则，钱就没了。

老板一定要明白：员工的钱在公司，他的心才会在公司；他的心在公司，他的人才在公司；人在公司，他就希望这件事成；因为只有事情成了，他才能得到好处。

记住，你自己希望公司好，叫作个望；所有交给你钱的人都希望你好，叫作众望。唯有众望，才能众望所归。今天很多企业为什么经营不好？就是因为只有老板一个人希望公司好。为什么公司无法达成年目标？因为只有你一个人希望目标达成，而不是所有人希望。

只有目标达成后他们的好处和利益才能最大化，这样他们才会希望目标达成。同样地，要想留住人才，就要让他开子公司，让他做子公司的董事长或总经理，让他独当一面，让他为自己干。

举个例子。投一家店需要100万元，正确的投法是这样的：老板投70万元，员工投30万元（店长），然后再设定分配机制。第一步老板先回本70万元，本金回完之后，老板拿30%，店长拿70%。这就是说，投一家店需要100万元，老板多投，店长少投。但先让老板收回70万元的本金，然后老板拿30%，店长拿70%，这个分配办法最具杀伤力。

老板一定要记住，一家店，当你拿得比高管多得多时，你最操心。这个道理亘古不变。

投钱是有风险的，你投70%，骨干投30%，但要求先回本，然后改变分配机制，你只要30%，他们占70%。为了这70%，他们定然会玩命干，这家店赚钱的可能性更大。虽然你分得少，但他只有一个70%，你却可以开100家这样的店，到时候就会有100个30%。

17. 优秀股东盈利模式

合伙合的是规则,而不是感情,不提前制定好游戏规则,后面就要花几万元、几十万元的律师费用来维持。

——王冲

引入股东的四大核心模式

> 马云曾说,他能取得今天的成就,要特别感谢四个人——孙正义、杨致远、金庸和蔡崇信。其中,他最感谢的就是蔡崇信,因为阿里巴巴是蔡崇信和他从零做起来的。

蔡崇信是中国台湾同胞,出身法律世家,13岁赴美读书,在耶鲁大学获得经济学学士和法学博士学位。毕业后,先在纽约做了三年税务法律师,之后跳槽到瑞典 Investor AB 风投部门,做亚洲区总裁,年薪70万美元。

1999年蔡崇信在一位朋友的介绍下,认识了正要筹备创办阿里巴巴的马云,二人一拍即合。没过多久,他便离开了 Investor AB,加入阿里巴巴,担任CFO(首席财务官),每个月只拿500元薪水,成了阿里巴巴的"十八罗汉"之一。

蔡崇信的加入,弥补了马云原本草根团队在财务、法务等专业能力上的缺失。专业投资背景出身的蔡崇信,将阿里巴巴带上了专业的融资之路,也成了阿里巴巴仅有的两位"永久合伙人"之一(另一位是马云)。

引入股东,进来容易退出难!为了保证总公司的利益,就要遵守以下几个前提条件。

一是让对方交钱。选择股东,首先就要让对方交钱,如果他没有,就让他去借。如果入股都拿不出一点钱,这个人就不要了,他连一点钱都搞不出来,还有什么能力成为你的股东?因为借钱是衡量一个人人际关系的重要标志。一个人到社会上连借钱的能力都没有，还谈什么江湖？如何能跟你成为合伙人、把公司搞好？

有人说，资金额比较大，怎么办？很简单，或分批出，或从分红里抵扣，或必须设计提现。比如，公司估值一亿元，他占20%的股份，共2000万元，他出了500万元，剩下1500万元就可以从未来的分红里扣除，但要提前跟他说清楚：在一年时间内，从总分红里面扣，如果一年后补不上，就补多少算多少，将股份切割开。

二是对方要有资源。入股的股东必须有资源，没有资源的人，尽量不要让他成为股东，他也不可能给你创造更大的价值。

三是对方必须有资产。选择股东，要选有资产的人。当今时代创业，没有资产，说明他过去在社会上的很多东西都是无用功，过往的价值观和经验都是错误的。虽然对方不用抵押资产给你，但是他需要有。40岁以上的人必须有资产。

四是对方要有资格。入股前必须讲清楚，具备什么资格的人才能当股东，并不是只要交钱就能成为股东。老板一定要明白，入股进来容易退出去难！今天不跟你闹事都好，之后真的跟你闹起来，你就会生不如死。

好兄弟也会变成仇人

为什么很多人做股东，最后兄弟都做不成？因为他们没有签《股东补充章程协议》。其实，只要签了《股东补充章程协议》，把所有的东西全部写进去，如他是怎么进来的？他在里面做什么？对应的权利是决策权还是财务知情权，或者是经营权……股东将来离开也就不会闹矛盾了。

股东退出，分以下几种情况：

第一种，在亏损的情况下退出。

公司亏损了，怎么退出？比如，注册公司100万元，实缴注册资金，某人交了20万元，占20%股份。结果，公司运营不好，亏完了实缴注册资金100万元和经营资金50万元，他却想离开，并说：股份免费送给你们，将来即使赚了10亿元，我也不眼红，将来亏了也不要找我，行不行？不行！

为了杜绝这种情况，一定要在《股东补充章程协议》中说清楚，公司亏钱是亏什么钱，亏完钱后股东一致决议是怎样的，千万不要看到亏了钱，就不干了、走了或跑了。

第二，在盈利的情况下退出。

公司盈利了，有人想套现，有人有别的想法，怎么退？这时候，可以退出，但要提前约定好，是一期退，还是分期退。

第三，你对某人不满意，如何退出。

某人是二股东，过去让他做总裁，结果发现他的能力不足以领导这家公司，怎么让他合法地且不伤害感情地离开？为了杜绝这种情况的发生，跟对方谈股份时，宁愿多谈三个月，也要签订《股东补充章程协议》，再正式变更手续，否则，后面一堆麻烦等着你。

在《股东补充章程协议》中可以设定这样几个退出方法：一是锁定期退出。锁定期三年内不能退出，如果退出，则净身出户。二是亏损期退出。在公司未盈利之前退出，则一元回购股权。三是合同期满退出。合同到期退出，公司则以净资产同样的价格回收股份。四是分期退出。首次退40%，剩余60%两年内退完，如果两年内做同行，挖公司客户和员工，则不再退还。五是设置高额违约金，锁定期三年，谁中途退出，谁就承担高额违约金以及造成的损失。

引入互补型战略性股东

股东的价值观决定了最后的核心，有些股东之所以不在乎这个东西，是因为你们今天无法实现互补。

如果公司股东之间没有形成互补关系，我觉得，分家越早越好。因为，当你们的能力无法形成互补时，就会形成竞争和消耗，会把你们最重要的东西浪费掉，机会一旦失去，就找不回来了。即使以后也可以做，但做的成本也非常高。

举个例子。今天你们还敢做社群吗？还敢做电视吗？还敢做手机吗？如果都不敢做，为什么？因为不是不能做，而是进去的成本越来越高。所以很简单，找到互补型的就留下来，不能互补的直接分家；现在分家代价小，将来分家代价大。而且这背后还有最重要的两个字：机会。只有牢牢把握产业的最后机会，构建自己的防火墙和企业护城河，在进入下一个战场的时候，我们才能比别人厚。

很多人创业为什么总是抱怨自己辛苦？因为他们没有防火墙、护城河，凭单枪匹马，从农村出来直接开干。而王石这些人他们都有护城河和防火墙，起点比我们高很多。

机会很重要，错过就没有了。你今天虽然可以赚一点钱，但一旦失去了机会，赚到的钱也可能亏掉；反之，今天虽然亏了点钱，如果能抓住机会，将来所有亏掉的钱都能赚回来。而为了抓住机会，就要构建自己的护城河和防火墙。

关于能力不互补的人不能成为股东，我就以自身为例来说明。

我是一位培训老师，要想再找几个培训老师一起合作，基本上可能性不太大，因为大家的能力不互补，而是一种竞争关系，而能力竞争型的人，不可能长久地在一起。如果一个人既是培训公司的总裁，又会讲课，成交也不错，多半都不愿意去做老二或老三。

能力互补在所有互补中排名第一。几个人能力互补，有人负责市场，有人负责直播，有人负责财务，有人负责业务，这样的合作才能愉快。

18. 渠道商盈利模式

得渠道商得天下。渠道是王道，永不过时，你的真正优势应该是渠道，而不是你目前销售的这款产品。不要想既做产品又做品牌，又做研发，又做销售，又做招商，你有那么多人才吗？

——王冲

直播带货时代同样渠道为王

渠道商是有价值的,但渠道的价值到底是什么?

品牌商把产品以100元的价格卖给渠道商,渠道商加价50元,卖给门店150元,最后门店卖给消费者200元。这是商业世界的链条,应该很好理解。渠道商,能赚50元的差价。但是,为什么渠道商能赚到钱呢?为什么品牌商不跳开渠道,直接卖给门店呢?因为渠道商的效率更高。

每个省可能都有几千家门店,品牌商直接供货给门店,也许要对接几万家店,太麻烦。而对接渠道商,可能只需要几十个就够了。品牌商一定都自己算过账。如果划不来,那为什么还要自己做呢?所以,渠道商之所以能赚钱,就是因为有效率优势。

渠道的价值,本质上就是能大规模地触达用户的能力。然后在这个基础上,找到自己独特的竞争优势。

第一,独特的竞争优势。

一是更低成本触达用户的能力。渠道商能大规模触达用户,但触达成本会尽量低。记住,更低成本触达用户的能力,是很多渠道商的核心竞争力。

二是维护稳定库存的能力。很多渠道商上游的品牌商,是上市公司。上市公司通常都有一个重要的需求——尽可能减少波动。一些品牌商希望每个季度的销售能稳步增长,大起大落会对股价产生影响。对于渠道商来说,就要有维护稳定库存的能力。

三是获得更低资金成本的能力。这个场景，常常发生在做大宗交易的渠道商身上，比如，做石油的、做塑料的。如果你从中石化那里采购了一批石油，想要卖给一家美国公司。这时，你就是一家渠道商。这个生意看起来很简单，只要把货从左边卖到右边，就能赚到一笔差价，但这里涉及了资金成本。把货运到美国后，美国客户一般都不会立刻交钱，需要等到一两个月甚至半年后。而从上游拿货，是一手交钱一手交货。做这样的渠道商，需要有大量的资金。资金成本很低，有办法垫资，现金流才不会断裂。

四是更高周转次数的能力。如果渠道商是做零售的，更高周转次数的能力就显得很重要了。周转速度越快，利润就越高。

五是提高管理风险的能力。风险的本质是不确定性。渠道商在很多时候需要"吃掉"这些不确定性，要处理和消化这些不确定性，就要能预判风险，管控风险。只有对市场判断更准确，更能扛住风险，才能赚这个钱。

可见，只要拥有渠道，无论从事哪个行业都能成功。

渠道是永恒的，不会被淘汰。移动互联网时代，我们不仅要重视传统渠道的建设，还要发挥渠道思维，积极开发各种新渠道。

第二，传统企业实现渠道优化的途径。

只有掌握渠道、抢占渠道、发现新渠道，才能吸引更多流量，实现企业业绩的倍增。那么，传统企业如何来优化渠道呢？

首先，将渠道模式从金字塔向扁平化发展。传统的渠道结构是金字塔形状的，但在竞争激烈的市场环境下，这种渠道存在许多缺点。因此，为了实现渠道的差异化，可以将销售渠道改为扁平化的结构，减少中间环节，使产品在最短的时间内到达消费者手中。

其次，跨越终端直接做社区销售。社区销售是一种比较成熟的方式，例如鲜奶订购，每天早晨送货上门，大桶饮用水的电话送货，社区销售将销售前沿推进到消费者家门口，使消费者购买更方便，成本更低。而且，通过销售人员高频率的周到服务，消费者就能从对销售人员的个人信任逐步产生对品牌的信任，巩固一批忠诚的顾客。

最后，将渠道中心从经销商转向消费者。随着移动互联网的发展，消费者不愿花大量时间去固定地点购物。以前消费者购买商品可能更加重视在什么地方，购买的是什么品牌，但随着网络销售渠道的发展，消费者对于商品是从哪里来的这个问题已经不再关心，只要是自己喜欢的那一款就足够了。渠道中心已经从经销商向消费者转移，企业完全可以根据自己的具体情况来选择合适的途径来开发渠道，一旦掌握渠道，就掌握了流量密码，企业就能轻松实现盈利。

渠道创新，思维破局

企业在快速发展的过程中，通常需要代理商的支撑。以代理商为节点，才能更快地形成遍布全国的网络。

跟直营方式比起来，代理商方式更能让企业的发展速度瞬间提高百倍千倍。因为在以企业为核心的发展中，代理商负责连接节点覆盖范围内的终端和用户。但发展到现在，单纯依靠一纸合同约定的加盟发展方式的时代已经过去，合伙人的时代已经到来，形成的是平台式的生态化发展。在这个生态系统里，大家一起发展，形成了关系更加紧密的利益共同体，持久发展力更强，发展的稳定性也就更强。

18.渠道商盈利模式

企业要想实现创新，首先就要重视渠道创新。那么，该如何进行渠道创新？哪些渠道是未来最值钱的渠道？如何把渠道上升到一个更高的维度？为了回答这些问题，首先就要从代理商转变到合伙人。

过去的渠道是代理商的时代，今天的渠道是合伙人的时代，代理商发现商业机会，合伙人要把商业机会变现，最终才能实现三个字——现金流。今天比的不是谁的门店多，而是谁的抖店多，门店多的不一定值钱，但抖店多的一定值钱。大家一定要明白，抖音今天欢迎企业入驻叫矩阵，什么叫矩阵？就是几十个、上百个一起干。所以一定要知道杀伤力在哪里，要想办法从传统的代理商向合伙人转变。

从代理商到合伙人，改变的不是一个称呼，而是在称呼背后的合作双方的关系。这也是为什么比起代理商，企业更希望你是合伙人的原因。因为合伙人比起代理商有着明显的优势。

合伙人是指投资组成合伙企业，参与合伙经营的组织和个人，是合伙企业的主体，会以公司的管理者或决策者等身份参与到公司的经营之中。成立一家公司，除了资金投入，还需要决策者的管理。比如，《三国演义》里的刘关张桃园三兄弟。三位仁人志士，为了共同干一番大事业聚在一起，刘备担当着主要策划和谋略的角色。合伙人就相当于刘备这个角色，需要输出自身技能，带领着公司走向更高阶层。

时代不断变更，人们的就业观也随之发生改变，更多的年轻人不愿意做朝九晚五的工作，更喜欢自由、活力、有冲劲的工作，创业成为他们的优选，而加盟和代理成了最热门的创业门槛。

加盟店是一个区域的店，只需投入资金，其他的货物或运营方式都是由总公司负责。

代理是把这个区域的经销权全部授权给你，授予某个人或公司销售其产品的权利。比如，你代理一个市区，那个市区所有的加盟店都由你来管理。代理大多不需要动用自己的流动资金，不需要拥有大量库存，承担风险相对较小，从资金角度来看，代理利润比较大。

代理商与合伙人的最大区别在于，代理商不用参与总公司经营，只在自身营销上拥有更多自主权。

渠道商帮你做分销和裂变

老板一般都知道，如果要做产品，就不要做渠道，要想办法跟社会上的渠道合作。妄想既做产品又做渠道，什么都搞不好，你只做一个好产品，然后把这个产品外包给渠道来销售，最后跟他分成即可。

要务实一点，老老实实一年赚个几百万元，一两千万元，连续赚10年。

今天很多商业背景已经发生变化，过去很多培训老师一堂课能赚几千万元，现在又有谁做得到？时代已经发生改变，你不能再用过去的思维做事情。

那么，产品和渠道如何合作呢？

第一个叫 ToB+C。

ToB 产品面向商业企业用户，一般不向大众用户公开，可分为数据应用类、企业管理类。ToC 是市面上做得最多的产品，面向的是个人用户，遵循比较规范的产品流程，相对而言做起来比较容易。要想办法把渠道商变成你的合伙人，让他帮你做分销和裂变。

> 一是选择中间商。选择中间商应考虑这样一些因素：市场覆盖范围；声誉；中间商历史经验；合作意愿；产品组合情况；中间商财务情况；中间商区位优势；中间商的促销能力。选择中间商的办法是评分法。

二是评估中间商。评估中间商的标准有经济性标准、控制性标准和适应性标准。评估中间商的指标有销售业绩、财务、中间商的忠诚、中间商的增长、中间商的创新、中间商的竞争及顾客满意度。渠道成员改进策略包括渠道成员的功能调整、渠道成员的素质调整、渠道成员的数量调整，以及个别分销渠道的调整。

三是激励中间商。直接激励的具体方法有返利政策、价格折扣和促销活动。间接激励具体方法是，帮助中间商建立进销存报表；帮助零售商进行终端管理；帮助中间商管理客户网来加强经销商的销售管理工作。

四是解决渠道冲突。渠道冲突的类型主要有水平渠道冲突、垂直渠道冲突和多渠道冲突。渠道冲突的起因主要包括角色失称、感知偏差、决策主导权分离、目标不相容、沟通困难及资源缺乏。化解渠道冲突的对策，分别是销售促进激励、进行协商谈判、清理渠道成员，以及使用法律手段。

第二个叫否定。

如今，继续用传统方法销售产品已经没有机会，要有创造性思维，不要把产品跟别人做得一样，如果你做酒，就不要跟茅台比，因为你根本就无法超越它。

创新的法门只有六个字：对立、颠覆、否定。要想创新，就把这六字箴言永远记在心里。六字箴言旨在创新。也就是说，我就跟你对着干：你小我大；你贵我便宜，你便宜，我比你还便宜。比如，茅台是纯白酒，我就在里面放点东西，跟它不一样。凡是你认可的，我都否定，然后再重新建立一套新体系。这就是创新的不二法门。

19.

供应链盈利模式

未来是供应链，产品已经不是核心，供应链才是最厉害的，所有做直播电商的核心大老板都不是主播，主播都是影子，都是假象，真正掌控这个盘的是供应链。

——王冲

老板要学会赚供应链的钱

很多人以为,供应链就是物流,无人车送货、冷链的管控、前置仓后置仓的仓储设计、把外卖装到系统里等,都是供应链。这种认识当然没错,但不够完整。事实上,供应链是一个网络结构,凡是跟交易流程相关的,都可以算作供应链的一环。广义来说,从大地母亲到消费者手里或肚子里,都可以算作供应链。

> 2019年5月16日,美国商务部工业和安全局(BIS)正式把华为列入出口管制"实体清单"。华为面临来自美国的全面封锁,很多供应商停供,涉及原材料、整机以及物流。华为之所以没有被一下子打趴下,一个重要原因就是有同行的前车之鉴,华为至少在四个方面进行了布局:科学制定自制外包(make or buy)策略,锁定核心竞争力;加强与战略供应商合作,强化供应链协同;识别供应风险,对关键物料进行战略储备;制订备胎计划,拥有蓝军战略。

布局完成之后,华为便从一家受人尊敬的公司成为一家伟大的公司,华为供应链进化为世界一流供应链。华为通过供应链风险管理,经受住了美国"实体清单"的考验。

由此可见,供应链战略是必需的,尤其是那些已成规模的企业。未来,所有的公司都要走入供应链,只有有供应链的公司才能活下来,否则就会被淘汰。

19.供应链盈利模式

什么叫供应链？我的理解是，它应该包括企业制造、供需对接、空间转移和价值输出等几个方面。

"企业制造"的意思是说，你要有源头的货，你造的是别人需要的，不能造市场不需要的。你的企业制造是按照订单来制造，不是市场上有多少你就有多少。需要多少你就能造多少，不是我需要，你造不出来，或者我今天要，你给不了我。

"供需对接"理解起来非常简单，就是你所生产的每一个东西都是市场需要的，是市场需要反馈给你，你们之间做了一个供需对接。你要多少，我有多少，你需要什么，我提供什么，我要的是你造的。供方和需方能够对接，不能你造的东西对社会没用，或者你造的东西没有价值，或者你一堆库存，这些都不叫供应链，一定要是社会上急需的、刚需的东西，才叫供需对接。

所谓"空间转移"，就是客户需要的东西，从工厂发货，都能在24小时内收到。为什么非洲电商做不起来？为什么整个东南亚的电商做不起来？仅物流这一块就能拖死它！它没办法做到空间转移。

举个例子。"双十一"晚上11时，我和老婆一起在网上抢购东西，结果到第三天早上5时，第一批货就到了我家门口。假如你在网上买了一个按摩椅，很喜欢，结果从发货到接到按摩椅，用了一个月，新鲜感立刻就没有了。今天上午下单，当天下午就能收到，这个空间转移就比较好。在线上买一个商品，一等就是七八天，很多人都宁愿不要。

所谓"价值输出"，就是一定要创造价值，让客户觉得物超所值。你送的东西一定是对别人有价值的，不要把烂货送出去，不要给客户库存卖不出去的、没用的东西。要让客户用完后，觉得满意，这个价值就是我想要的。

供应链必须满足以上四个条件，否则，我们就只是一个生产制造型企业，不能叫完善的供应链。满足不了后面的供需对接，也满足不了空间转移，更满足不了价值输出，那就只是别人给你下了一个需求订单，来做一笔生产而已。

打通供应链赚取5000万元

这里有一句最值钱的话：赚钱的不二法门，一定是知道的赚不知道的，看到的赚看不到的，做到的赚做不到的。这是赚钱的根源，比什么都重要！

我有一个学生做调味品，他是这样卖会员卡的：客户只要交5000元，就能成为他的金卡会员。

他就会告诉客户，"卡里有5000元"，这句话等于告诉客户，你可以免费做我的会员了。当他说"你还能得到5000元的调料"这句话时，客户通常都不会加入，因为调料的大品牌很多。但接下来的几句话，而激起了客户的购买欲望。

他说："每月返还428元，一共返12个月。这12个月由农商银行做担保，保证钱全部返还给你。今天下午刷卡的钱，不用刷到我这儿，刷在东莞农商银行，由银行来给大家返还，等于你们吃我的5000元调料，我跟你们交个朋友，所有的调料全部免费，银行每个月返你428元。"这些话等于告诉客户，你可以免费吃5000元的调料，这时候人们可能就会觉得：不错，钱百分之百安全。

他接着说："如果你一年在我这儿消费20万元到30万元，我奖励你一台2.98万元的新能源电动车。"

他还说："如果你消费30万元到50万元，我奖励你3.98万元的新能源电动车。如果你消费50万元以上的调料，我奖励你4.98万元的新能源电动车。所以在我这里拿调料，稳赚不赔，甚至还有赚大钱的机会。"

因此，他能帮助合伙人快速将市场打开。这也就是我这里要讲的"扶持下游"。

接下来要讲的是"整合上游"。

四川有一家红石豆瓣厂，专门做辣椒酱，年产能5000万元。老板做技术出身，能有25%的利润，但现在只能做到1200万元，产能跟不上，生意不大好，利润只有10%左右。

于是，他找这个老板合作，说了两句话：第一句话是："我给你100万元，你转给我49%的股份。"这时候，相信多数人都不会转。

第二句话是："我给你一个附加条件，我连续两年，每年帮你把产能做到5000万元，即5000万元以上，你再转给我。做到了，你就转；做不到100万元，你就没收。究竟转不转？我们来算一笔账。如果不转，按一年10%的利润，一年大概是120万元，第二年大概是240万元；如果我跟他合作，按一年50%的利润计算，一年就要赚1250万元，两年就是2500万元，即使转掉了49%我还有51%，可以拿到1275万元，比原来240万元多赚了1035万元。我出让49%，会怎么样？第一，我有相对的控股权；第二，我比过去多赚1000多万元，如果你做不到，我就不转。"老板一听有料，可以！

接着，他开始谈第三个条件："我这两年没拿公司一分钱给你，两年没在公司报销一分，为了谈业务，我吃喝都是自己垫的。今年我已经完成了连续两年5000万元，为公司创造了巨大的商业价值。现在公司能不能奖励我100万元？"老板想一想，多赚1060万元，奖他100万元，还有960万元，而且这100万元，我事实上只出了51万元，自己还有49万元，我还是多赚1000万元，很划算，无所谓，奖励给你！

刚开始投资这家厂投了100万元，后面奖励100万元，等于没花钱，占了这家工厂 49% 的股权。

再讲一个整合上游的例子。某辣椒厂要开辣椒酱的工厂，为了找到原材料辣椒，他找到一个地方，用 5 万亩地种植辣椒，他出辣椒种，出钱，出技术，所有收获的辣椒，都由他回收，如此，在产业扶贫的背后他又获得了上游的两个收入：第一，辣椒是他种的，成本就会降低。辣椒酱工厂用的原材料一定是辣椒，辣椒是他自己种的，成本就能降低。第二，他到当地做了产业扶贫，当地就会给他产业扶贫基金，上游就能继续降低他的成本，获得更高的新的盈利增长点。

所以，要把上下游打通，招商不要盯在企业产品本身，要把整个链条都放开。

> 作为老板，请你不要什么都想赚，一定要知道前端、中端、后端。不敢放弃你的前端，你就永远赚不到想要赚的后端。企业就是用产生对赌的业绩和股权，占了上游 49% 的股份。扶持下游的目的是做销量，要拿销量来打自己的上游，因为上游还有很多利润可以赚，下游亏掉的钱可以通过上游进行弥补，只要找到更多的盈利增长点，依然可以获得巨额利润。
>
> 老板为什么要寻找新的盈利增长点？很多老板对此不知道答案，总想着自己的调味品，只想到产品本身。其实，你的产品是有上下游链条的，链条中的每一部分，可能是工厂，也可能是原材料，还可能是更多的东西。记住，只要手里有渠道和用户，所有的生产公司就都是你的车间。

你为什么不知道今天在哪里"下刀"，就是因为你还不知道在哪儿赚钱。你不敢让掉眼前的利润，就会犹豫不决。事实上，只要将下游做好，上游的钱就都是你的。

整合上下游赚后端的钱

现金比利润重要！利润都是空的，即使你有百分之二十几的利润，但你的货却卖不出去。利润是你认为的，不是实际交易产生的。我认为，现金流比利润重要一万倍。

最近我正在帮一个学生作策划，他主要做木门的批发业务，年营业额6000万元。他的上游是专门做木门的工厂，下游是那种夫妻店，还有小装修公司。过去，他批发一扇木门的成本是，进货价1200元，厂家的出厂价1080元，他卖给门店是1400元，门店再卖给客户2000元到3000元。这个领域的行情基本上都是这样。

于是，我教他让客户交1万元到10万元保证金，所有的客户从他这儿拿货，统一1080元。交还是不交？干的时候保证金就生效，不干就把保证金退给你，请问客户是愿意拿1400元的，还是愿意拿1080元的？当你手上有两三千万元的时候，直接把所有的下游全部给扶持掉，把销量从6000万元做到1亿元，做到1.5亿元，销量一大，直接去做上游。

上游是什么？是木门的材料商。我来问一下，做木门要不要找上游买原材料？把上游的原材料商直接用订单入股，因为我知道，这个木门厂的销量会增加。为什么？因为我过去一年从他这儿拿6000万元的木门，我现在能从他那儿拿到1.5亿元到2亿元，我就可以要求这个木门厂找某某材料商进货，只要价格跟市场价一样就可以。

> 而那个材料商是谁的公司？是我入股的，我一毛钱不投，只投了100万元的保证金。我交给你100万元的保证金，保证你每年多3000万元保底的量，给到这家木门，按市场价，我连续两年做到了，你只要把你工厂30%的股份转让给我，如果我做不到，你就把我100万元的保证金没收。
>
> 如果你是材料厂，你愿意吗？多3000万元的订单，每个订单至少有20%的收益，可以多600万元，两年多1200万元。人家帮我们做了，我们一毛钱都没出。做不到，他这100万元的保证金被我没收了，做到了才给他转30%。
>
> 一定要记住，利润是干出来的，现金流是想出来的。现金流要大于利润。

举个例子。上下游在你这儿拿货，他一年拿2000万元到3000万元的货，今天你能不能让下游一次性付你500万元？他付不付你钱，取决于你有没有给他设计一个让他一定付钱的方案，不想像过去一样他只拿货不付钱，如果你的好处到了他能把银行的钱拿出来，他就付了。

如果你现在提前三个月付，我把产品打六折，这时候你的上下游就会赶快从银行贷款付给你。所以，不是客户不付钱，不是有应收账款，而是你根本没有设计出合理的方案，让他把他的存款以及他向银行借的钱交给你。

老板应该明白，<u>现金流和利润只能取一个，有利润不一定有现金流，但现金流一定有利润</u>。很多老板想一年赚1000万元，想要赚到钱，很正常。但是一定要记住，你想赚利润不一定有，为什么？这是由行业的特性决定的。但换一个思维，<u>舍弃行业利润，做现金流，利润自然就有了</u>。

现金流乘时间就等于利润，如果你交我1万元，成为我的会员，我就每个月给你12斤市场售价十几元的黑龙江五常最好的大米，然后再配上最好的新疆红枣和甘肃枸杞，在两年零一天就把你交的1万元本金退还给你，这就叫现金流。所以今天的老板很简单，越做得小，就越没有活路；越往中游走，机会就越多。

20. 产品增值盈利模式

> 一个LV包和一个蛇皮袋哪个更有价值。不管你今天做什么,都可以选一款产品,如果只有一个产品,那就把这个产品进行切割和分类。
>
> ——王冲

越是高端越不要谈价格

一个LV包和一个蛇皮袋，对农民来讲哪一个更有价值？实际情况是，跟农民去讲LV没用。高端客户就谈价值和诱惑，大众化客户就一定要谈价格和好处。越是高端就越不要谈价格，因为高端客户不在乎价格，在乎价格，它就不能叫高端。

一瓶水的定价，要么往高定，20元以上一瓶，要么往低定，2元一瓶，不要走中间价。餐饮也一样，要么往高走，要么往大众化走，不要走低，要走大众化，因为有很多老板也会使用大众化产品。所以，你的产品、你的定价只能往这里走，不能走中间，谁走中间谁吃亏。

我有一个学员叫石头哥，他们夫妻俩包括林姐都是我的VIP学员。2015年他们进入我的课堂之前，在广州白马做鞋子批发，那时候鞋子批发已经走入瓶颈，两人想转型，一个偶然的机会走进了我的课堂。在课堂中石头哥发现如果再走老的路径，企业可能会越来越困难，必须创新，选一条新的赛道。夫妻俩商量完了之后，决定定位餐饮赛道，因为那时候国内餐饮的知名品牌还不是很多，且竞争不太激烈，于是选择了一个代理餐饮的品牌大龙燚。经过这五六年的发展，目前在广州已经有十几家大龙燚火锅，销售额早就破亿元，大龙燚火锅也是广州目前最火爆的火锅店之一。

2020年8月我去广州，有一天晚上我们去吃大龙燚火锅时，我们进行了思维的碰撞。第二天，石头哥亲自开车送我去机场，途中我们也做了深入的碰撞。我说，既然有大龙燚，为什么不可以创造一个小龙燚？他肯定了我的这个创意。接着我说大龙燚可以做线下，小龙燚可以做线上，大龙燚做现在的固定客户群，小龙燚做另外的客户群，就可以在广东的火锅市场，发展得更好。石头哥当时就觉得这个创意特别好。

2020年12月5日，广州第一家小龙燚火锅横空出世。后来经过半年的验证，小龙燚火锅已经完全占据了整个广东省火锅类行业的前三名，且发展非常好，人流如潮，财源滚滚。

小龙燚火锅的发展速度为什么这么快呢？不光线下非常疯狂，线上销量也很厉害，甚至远超过大龙燚火锅店。

首先，产品定位。他把产品定位于学生群体，瞄准初中生、高中生、大学生，只做学生类的火锅。他们发现，"90后""00后"不想和"70后""80后"的人在一起，因为他们对很多东西有了一些新的认知。所以，他们吃火锅不会像传统的海底捞或成都重庆的火锅品牌如小龙坎，有一部分客户群体，特别是学生，对火锅的需求是刚需，对火锅店的要求也很高，所以石头哥就开创了小龙燚品牌。广州附近所有的高校、高中、中学学生都知道，要吃火锅就去小龙燚。

其次，产品方式创新。火锅店里设计得非常潮，非常火热，符合年轻人的审美。年轻人喜欢第一好看，第二好玩，第三好吃，第四性价比超高。"好看"是店里的潮牌，所有年轻人都很喜欢；"好玩"是一种体验，店里设计了年轻人喜欢的游戏和互动；"好吃"讲究的是味道符合年轻人的口味，比如特别辣或者味道特别突出，反映出年轻人的个性，追求时尚，突出自我；"性价比高"也很好理解，例如一盘雪花牛肉在大龙燚要卖69元，但在小龙燚只需要38元，所以特别适合年轻人。

这些实体店受到了广州附近所有的初中生、高中生、大学生的青睐甚至迷恋，人流如潮，生意好得不得了。这就是产品创新给企业带来的巨大变化。

事实证明，能改变使用方法的人，都能开创人类的新纪元。例如，茶叶、红枣就是可以尝试的项目。

　　改变茶叶利用方法，把茶叶做成"香烟"，那将是一种创新性突破。抽一根大红袍烟，还是抽根普洱烟，现在已经开始有人在研究了。虽然目前这个项目落地性效果不理想，但这样的思维方法是正确的。

　　红枣在中国有一个巨大的市场。今天所有的红枣都是煮水、泡水喝的。如果能把红枣提炼成茶叶包，直接开水泡下去就可以服用，这个市场大得不得了，但没人把红枣这个技术给提炼出来。现在新疆很多人都搞，但搞得都不成功，为什么？因为红枣很特殊，里面的糖分和养分都提炼不出来。如果真的有人能做到，那就简直不得了。类似的这些**产品方式创新**项目，都值得花大力气研究。

哪些产品适合做爆品

　　很多人不知道如何设计爆品，其实只要符合以下四个条件，就能做成爆品。这四个条件第一是强刚需，玩是人的天性，最好不花钱玩；第二是产品能做微创新；第三是市场需求大；第四是高附加值。什么叫高附加值？就是产品从成本到价格要在10倍以上的，不到10倍以上就没有高附加值。

　　我现在做的旅游属于微创新，具有高附加值。例如，去马来西亚旅游只需要1500元，包括来回国际机票、吃住，一共四天三夜，全程四星级、五星级酒店、度假村，全程没推销。这样的旅游就有高附加值。

　　在表20-1所展示的爆品设计方案中，列举了大米、水果、按摩椅、地板革、加油卡等例子，都应该从爆品设计的角度来进行研究。

表20-1　爆品设计方案

例子	强刚需	微创新	需求量	高附加值
大米	是	可以	大	不高
水果	是	可以	大	高
按摩椅	是	可以	大	不能（半个）
地板革	不是	可以	不大	不能
加油卡	是	可以	大	不能

大米是每个家庭都要吃的，是刚需。可以进行微创新，如办会员卡；需求量很大；附加值不高，所以不能做爆品。

水果是每个家庭都要吃的，是刚需。可以进行微创新，如办会员卡；需求量大；附加值高。为何具有高附加值？水果从原产地到吃到嘴里，价格差至少是10倍。水果天然属性决定了它有高附加值：其一，水果有季节性；其二，在运输的过程中会产生损耗，必须加价卖，否则就会亏钱；其三，水果周期极短，这个水果摘完了，并不能一直放三个月或六个月，可能只能放一个星期，所以导致水果必须有高附加值，否则卖水果的都亏钱……如此，就迫使水果价格高，因为利润不高，没人卖。

按摩椅是强刚需。因为每个人都需要按摩椅，比如，老人、年轻人或老板。可以进行微创新，比如，将手机、蓝牙和音响都整合到按摩椅上。不能高附加值，过去出厂价是2600元，经过广告的推广，可能会卖到2.6万元。但现在不行了，因为互联网上的价格相对比较透明，因此它只能算半个爆品。

地板革不是强刚需，只有新装修房子的人可能会购买。所以不能做爆品。

加油卡是不是强刚需？是。可不可以进行微创新？可以。需求量大不大？大。它有没有高附加值？没有。所以，油的折扣比较低，你到市场上买油，最多打个九八折，甚至九九折都已经是很给你面子。接下来，就给大家推荐几个可以做爆品的产品。

宠物用品：如今，宠物领养数略有上升，因此宠物用品业将相应地激增。大卖场尤其容易引发"选择困难症"，因为选择过多，顾客很难决定购买什么，有时甚至会导致什么都不购买。如果对自己的想法充满激情，就可以走产品开发路线。

服装配饰：人们对户外生活更加向往，社交媒体上的消费者都在炫耀着新的 Crocs 和棒球帽，迫不及待地想为自己的户外生活添置配饰。如果你有一项爱好，你也可以学习将它变现。

运动休闲服装：如今，人们的穿着方式发生了重大改变，牛仔裤换成了弹力瑜伽裤、运动裤和短裤。这对该类目的企业来说代表着一个令人兴奋的机会。

个护产品：个护产品是最稳定的市场之一，但也是一个竞争非常大的领域，可以专注于通过优质配方将自己与普通产品区分开。比如，富含维生素和抗氧化剂的优质牙膏，则使用 100% 可回收包装。

美容产品：美容产品一直是线下消费的主流，如果你是美容产品的狂热消费者和卖家，这个类别可能就适合你。只要尽所能了解你的目标受众会受谁影响、他们在什么网站闲逛、他们在哪里发现新的美容产品等即可。

如何进行产品分类和切割

亏钱总比没有生意好，没有生意就会真正亏钱。只要有人来，未必会亏钱。所以，老板一定要学会把产品分类和切割。第一个叫产品分类。产品如何分类？首先就是引流产品，保本或战略性亏损10%。第二个叫黏性产品。只有让客户体验到你引流产品的价值，才会体验到你后面的东西，这叫黏性产品。第三个叫盈利产品。该产品利润至少30%。公司一定要打造一款暴利型产品，净利润不能低于30%。第四个叫衍生产品。

举个例子。如果你是一家教钢琴的培训中心，引流产品就是私教课。那什么是私教课？怎么设计？

如果是钢琴培训，引流产品就是99元学一个星期。家长不是不给孩子报钢琴课，是因为担心两件事：第一，孩子喜不喜欢弹钢琴；第二，孩子能否学会弹钢琴。同样地，销售你的制造业产品，首先不要自己思考，要反过头来问客户想什么？给家长一次体验的机会，99元先让孩子学一个星期，这叫引流产品。引流完之后，怎么产生黏性？7天结束后，请所有的家长来参观一次自家孩子的钢琴演奏会。

父母都希望自己的孩子将来能长大成才，那天就会把孩子打扮得很漂亮，穿个小西装，打个小领结，坐在那儿，一门心思地弹琴，一弹完，就愿意掏钱了，为什么？因为我发现我儿子喜欢弹钢琴，而且弹得很好，很专注；而且，弹钢琴能培养孩子的专注力，孩子越专注，成绩一定就越好。

看到孩子这么认真，家长就会立刻掏钱，盈利产品也就卖出去了。孩子在这里练了两三年后，一个新的衍生产品出来了，不用两年，家里就花

7万多元，为孩子购置一台钢琴，成了四大钢琴的代理。

过去钢琴为什么不找他做代理？培训班没人。现在，他已经开了4个班，每个班都七八十人，每个月钢琴都能卖好几台，很多钢琴公司都愿意把他发展成为代理商，这样衍生产品就出来了。过去他服务的只有钢琴，现在把这个服务进行了切割，切割成一阶段、二阶段、三阶段。

所以，不管你今天做什么，都可以选一款产品，如果只有一个产品，那就把这个产品进行切割和分类。

> 我有一个学员，他是湖南口味王集团有限公司的老板，叫郭志光，相信很多人都吃过他们家的产品。2014年郭总来上课时，整个行业都一样，产品同质化非常严重，且价格非常低，价格战打得非常厉害，硝烟弥漫，行业成本越来越高，行业利润也越来越低。
>
> 上完课后，他和高管进行了三个月的脑力激荡，最终决定从产品创新开始下手。那时候他正好看了一个我推荐给他的重要的宏观文件，大意是：中国中产阶级不断崛起，未来10年会达到4亿人。看了这篇报告后，郭总带着团队就跟我做了非常紧密的沟通，决定从产品创新开始。

如何来做产品创新呢？需要从产品功能、产品包装、产品价格等几个方面着手。

产品功能：过去传统的槟榔大部分都是烟果槟榔，所谓烟果槟榔，就是熏的。因为槟榔的口味比较重，劲儿比较足，带来的后遗症也比较多，所以当时多数人都是做烟果槟榔。郭总发现中产阶级对健康的需求越来越高，于是把传统的烟果槟榔功能升级为青果槟榔。青果槟榔口味比较柔和，且以甜味为主，有咖啡的味道，略带葡萄的酸甜味，口感比较清凉。

随后，又进行了产品包装的创新。

产品包装：过去多数槟榔都是塑料袋包装，郭总做了两大包装的创新：第一个把过去的塑料袋换成铁盒包装，比较有面子，形成了高端的口碑、品牌和印象。吃槟榔的时候，大家都吃塑料袋包装的，突然有人拿出一个铁盒包装，相对来讲比较高端，定价35元一盒，一盒里只有6片，等于一片槟榔近6元，利润非常高，专门切割中产阶级或高端客户。最近他又推出一个礼盒装叫"和成天下"。这个广告语打得非常好，也就是说10个高端的槟榔中有7个是"和成天下"。他把这个做成礼品装，专门用来送礼，然后在产品包装上做了极大的升级。

产品价格：产品价格和普通的槟榔做了比较大的区分，越是高端的，越是礼品装的，定价就越高，符合送礼的原则，也符合高端品牌的原则。铁盒装的原来是6片35元，等于1片近6元，礼盒装是1008元，一条只有6盒，每盒才10片，价格更高。

作为礼品装，它的价格代表了哪一部分消费群体来切割客户。所以市场上你想要做哪一部分客户群体，就要从产品包装、产品价格等方面做好产品定位。

2014年郭总在我这儿上课的时候，整个公司销售额大概30亿元，还不是湖南省的第一名，他应该是前三名，但现在他的销售额已经破100亿元，绝对是这个行业的第一名，就是因为直接做了市场切割，只做高端客户。

把所有的产品的功能创新、产品的包装创新、产品的定价创新，直接切割高端市场，终于把他的品牌口味王做成了全中国最大的槟榔产业集团。现在，他的子品牌"和成天下"已经变成槟榔行业高端品牌的象征。

21.

产品时空盈利模式

> 产品的价格在不同时间、不同"空间"会不一样。不管是创业还是做生意，只要善于打时间差和空间差，赚钱的确不会太难。
>
> ——王冲

"45天后发货"的秘密

"时间就是金钱"这句名言，可谓无人不知、无人不晓，然而，真正能将这句话融会贯通的人并不多。对于创业或做生意的人来说，这句名言的意思是"花更多的时间去赚钱"，有头脑的人会理解为"用最短的时间去赚更多的钱"，而优秀的企业老板则认为是"在别人不注意的时候，我就赚到了钱"，也就是靠时间差来赚钱。不管是创业还是做生意，都应该明白这样一个道理：只有懂得利用时间差，赚钱才不会很难。

随着现在生活水平的逐渐提高，物流快递越来越发达，我们能够品尝到全球各地的美食、水果、特产等。有些水果，只有特定产地出产的才比较好吃，价格自然也比较高，因为运输成本极大，比如车厘子。

水果是一种季节性产品，通常只有在特定季节才能品尝到，所以上市的量就会有一个提升的过程，对应价格会不断下降，刚上市的时候价格一般非常高，而到了上市期，价格一般都比较便宜，车厘子就是如此。到了上市期，价格一般都比较便宜；但前两个月刚上市时，很多水果店一度卖到100多元500克。

看到实体店价格这么贵，有些人会想到网购，接着就会打开拼多多，发现只要花不到100元就能买1000克车厘子，多半都会下单。但店家利用了拼多多预售规则，显示45天发货，而多数人却不会注意这个细节，只会习惯性地下单，然后坐等收货。结果等了几天还没到货，点开拼多多一看，发现是45天发货期！

这时候我们通常会做出以下几种反应：一种是催店家发货；另一种是直接取消订单；还有一种就是索性不管了，反正是收到货才支付，不担心店家卷款跑掉。

我们可以将其简单分为两类，即继续等待和取消订单。假设店家一开始卖出去10万单，取消一半，还有5万单。接下来，我们需要做什么？没错，就是等！等车厘子批发价格降下去，降到有一定利润时，商家就会发货。整个过程中，商家既不用囤货，也不用场地，只要找个一件代发的大型水果批发商就行。

5万单5万千克的单量，有足够的议价权。假设一单的利润是10元，5万单就是50万元，只要将这一次做好了，也超过很多人累死累活干一年。

这个项目需要什么？一要懂拼多多的规则，能够巧妙利用规则打时间差；二要熟悉水果上市时间和价格变化；三要找到靠谱的水果批发商合作。前期无须囤货，主要是在拼多多做推广。

如果你有自己的渠道，完全可以这样做，除了车厘子，还有其他可选。

这个案例告诉我们，在创业、做生意的过程中，依靠协议、合同等有效手段，将主动权操纵控制在自己手中，然后在协议和合同规定的时间内，利用不同合同上的时间差来巧妙筹划，就能赢得极大的赚钱空间。只要善于打时间差，赚钱的确不会太难。

做反季商品，时差赚钱

如今，市场囤货成了一种常见的商业行为，在一种物品价格低的时候大量买进，然后再在价格高的时候全部卖出，就能借助最小的成本获得高额利润差。

> 所谓反季货品，指并非时令所需的产品，好与不好是质量问题，关键看客户是否需要。反季市场有很多产品，其销售多半是去库存，很多做尾货的老板第一桶金就是来自反季节囤货，如蚊香水、电蚊拍、凉席等夏季畅销产品，夏天跟冬天的价格差异就很大。

夏天蚊子多，蚊香水和电蚊拍就非常贵，但到了冬天，这些产品基本上就卖不动了，一度成为滞销货，价格一降再降，甚至降好几倍，很便宜。同时，工厂不可能因为到了冬天，就把员工全部辞退，工厂还得照常生产，哪怕产品赚不到钱，也得这样做。为了维持现金流，冬季有些小厂就会处理产品，圈内人看到机会，就会大批量囤这类小商品，到了夏天再出售。

那么，囤这些商品后，他们怎么销售出去呢？

小A是个批发商，手下有很多小超市和小店帮他销售，他有这个条件囤货。他的做法是：将商品收购回来后，把商品上架到周边商铺超市或开设自营店，从中赚取差价。与其他商家合作时，小A会在出单后再结算分成利润。

人们的日常生活都离不开吃、穿、住、行，而比较容易卖出的产品是"穿"，反季的服装销售量甚至还比当季的更好。拼多多上那些销量超过10万的低价服装，多数都源于反季货源。"夏卖皮衣，冬卖泳装"已经成了商家营销的新赛道，而且在"反季＝优惠＝下单"的洗脑下，一年比一年火，尤其是换季时间，这种现象更加突出。

当然了，如果没有线上营销的经验，也可以在乡镇上售卖反季节衣服。一般来说，当季的衣服都是紧跟潮流和时尚的，价格比较高，反季衣服则相对便宜不少，因为当下不能穿，等到下一个能穿的季节，面料、颜色、图案等可能已经跟不上潮流了。相比城市，农村的消费能力较差，不太喜欢跟潮流，只对产品的价格更为敏感，花一件服装的价格能买到三件，他们就觉得捡了大便宜。

不过，在镇上销售的反季衣服价格不能过高，品牌类服装最多只能做个小配角。原价两三千元的衣服，打完折还有上千元，多半都没人愿意买，因为它超出了农村的消费水平。只有几十元、上百元的这种反季衣服才可能成为爆款。

此外，还要薄利多销。反季节衣服利润相对较低，应该通过走量取胜，不能心存侥幸，随意提高价格。

为了吸引人流，可以打造醒目的招牌，比如清仓大处理、反季节促销、拒绝暴利等噱头。

利用地域差、空间赚钱

从本质上来说，地域差其实就是空间差，很多商品因为其在不同的地区，价格也存在差价。在信息流动比较差的时代，空间差是赚钱的利器。

20世纪八九十年代很多人都"下海"了，被称为"倒爷"的一类人就是利用地区差价来赚钱的。他们将当时在国内很便宜的生活用品，用高价卖给其他国家消费者，然后再将其他国家的便宜工业品高价卖给国内消费者，自己从中赚取高额差价。据说，在电子产品盛行初期，去广东旅游带一台VCD回北方卖，就能把旅游经费赚回来。

贸易和生意的本质，就是把一个区域过剩的产品卖到另一个有需求的区域，比如，把南方的水果卖到北方，把沿海的产品卖到内陆，把大城市的产品卖到小城市。其中最常见的是蔬菜水果类，一个地方的蔬菜水果烂在地里运不出去，另一个地方的蔬菜水果价格却居高不下。如土豆，广州的批发价是 1.5 元 500 克，而北京的批发价只有 0.5 元，价格差 1.0 元。如果能将北方的土豆运到南方，就能赚不少钱。有个朋友看中了这一点，就在产地和目的地之间做水果营运，行情好时，一个季节可赚几十万元。

下面还有一个倒腾二手车的案例。

> 一次偶然机会，王先生发现南北方人对于二手车的需求不同，喜好差异很大，于是就在工作地和老家之间干起了倒腾二手车的生意。他发现老家的人钟爱二手大众车，而他工作的地方人们则喜欢韩国现代的二手车。一来一回，一辆二手车的两地溢价就有 1 万元到 2 万元。
>
> 为了赚这个差价，王先生就把日韩系车一辆辆地从家乡开到工作的地方，然后又把大众德系车从工作的地方倒腾到老家，最后再找中介挂牌赚差价。根据南北两地对二手车的不同需求，倒腾一次利润至少有七八千元，他的腰包很快鼓了起来。

后来，王先生还联合几个老乡一起干，把生意做到了两广地区，赚得盆满钵满。

那对于普通的创业者来说，该如何运用地域差赚钱呢？其实普通人完全可以做南北差价的东西，关键是物流和人力成本太高，所以只能因地制宜。估计不足或准备不充分，都会让你血本无归，因此要慎重行事。

我并非鼓励大家都这样干，只想告诉大家：现实中确实存在这样一些赚钱的行业，我们也能做。但前提是，先要有一定的资源，之后才能慢慢切入，想赚大钱，首先就要寻找这样的资源。

22. 产品金融化盈利模式

　　产品金融化是将产品或服务与金融手段相结合，以实现更高效的资金配置和盈利模式。因为产品具有增值空间，产品可以成为载体，我们要做的是通过这个载体来赚别的钱。

——王冲

用金融的思维做生意

未来将会出现一种非常厉害的商业模式。只是看到这句话，你或许会觉得这话说得有点大。怎么就会是"非常厉害"呢？这个商业模式并非多么深奥难懂和难以操作，也并不必须保密不可言传的，之所以大多数人现在还不知道，是因为没有一个让大家知道它的机会。而看这本书，对所有还不知道这种商业模式的人而言，就是一次绝佳的机会，因为你将从中了解到这种足以改变你经营思维和人生轨迹的营利模式。

第一，把家具当作理财产品销售。

在了解这种模式之前，先来看看我的一次服务经历：

> 一位在合肥做家具生意的学员，资产规模有5亿多元，但最近几年一直苦苦寻找能够应对市场变化的新盈利模式而不得。我建议他从红木家具这一块开始创新盈利模式。怎样能将红木家具卖出去50万元、100万元？要实现这个目标，就不能把红木家具当作正常的家居商品来销售，而要当作理财产品来销售。
>
> 例如，一套红木家具售价100万元，但规定客户拥有退货权，且不是短期无条件退货，而是长期的有条件退货。即使用一年也可以退，但要收取家具销售额5%的使用费。如果想要使用多年后再退，同样允许，只需每年缴纳使用费，然后到规定年限将家具退回后，本金全额退还。具体操作为：使用一年后退货，交5%的使用费；使用两年后退

货，交 7% 的使用费；使用三年后退货，交 9% 的使用费；使用四年后退货，交 11% 的使用费；使用五年后退货，交 13% 的使用费……使用十年后，客户把家具退过来，企业将家具销售额 100 万元全部退还给客户。因此，客户购买一套红木家具，相当于花钱租赁了十年，对于用户而言节约了不少的成本，最后本金还在；对于该家具企业而言既得到了家具"租赁"的费用，又得到了家具销售款项的增值。

这种既利他又利己的商业模式是不是最好的？家具做了金融属性，如同放贷款一样，企业将红木家具放给客户，然后用客户的 100 万元做十年增值。赚钱的底层逻辑就是博弈的双方谁占了谁的便宜，占便宜多的一方就是盈利者。但"便宜"有时是明摆着的，都去争，反而争不到，不如化表象竞争为隐性竞争，即"我知道你想占便宜，所以我故意让你占到便宜，然后我占你更大的便宜"。

第二，用隐性利益替代显性价差。

赚钱的底层逻辑听起来好像并不复杂，但就是多数人都搞不懂这个逻辑，将本该隐性竞争的事情显性化，因为他们的心里只有"价差"，其他的盈利模式一概不知，这就导致自己的生意之路在不断变化的新商业时代越走越窄。

现在，我们正在策划一个传统转金融的项目，将浙江嘉兴最大的酒店由传统卖房间的盈利模式变成金融型酒店。乍听起来"金融酒店"这个词比较另类，如果你了解了金融酒店的盈利方式，会感到确实挺另类的，但另类中透出的却是与时代的同步。

我们的计划是，让酒店与金融机构紧密结合，在这个案例中就是与民生银行的合作。如果用户（公司为主体）的年销售额超过 1000 万元，即可在与酒店关联的民生银行内开设公司的一般户，此后用户的资金流、现金流都走这家民生银行。超过 1000 万元就可成为酒店的 VIP 用户，那么酒店中 500 元一间的客房可以享受吃住全免服务。

说到这里，一定会有人提出两个问题：一是用户会去民生银行开户吗？二是酒店能赚什么钱呢？

其实，对于用户而言，在哪里开户都是一样的，如果能在某家银行开户并享受到额外的利益，自然会选择这家银行。酒店要做的就是通过切实的付出（免费客房）让用户去选择指定的民生银行。而这种"指定—选择"正是酒店的盈利点。

做生意不能将自己限制于传统的买与卖赚差价的思维里，必须广泛涉猎，将生意铺展开来。就像酒店和银行合作，酒店能帮银行拉到低利息的现金流，银行就会给酒店返点，专业术语叫"居间费"，是专门用于给那些帮自己拉现金存款或办信用卡的个人或企业。

绝大部分做生意的老板还停留在单纯的产品思维上，所以总是盈利困难，总是产生多余库存，总是竞争不过对手。但这一切，从你开始阅读这本书起，就将会有根本性的改变。你会发现，不是没有生意可做，而是有生意自己却不会做，即便有了好的思路自己也设计不出方案。为什么，因为思维没有打开，产品就是产品，盈利只限于价差。靠产品赚钱，赚的是辛苦钱；靠产品金融化赚钱，赚的是钱生钱。

关于产品金融化盈利模式，是所有行业都可以切入并实现的，属于盈利的通用版。但也需充分考虑自身的实际情况和市场环境，制定合理的策略，并注意风险控制和合规性。同时，还需要关注金融市场的变化和监管政策的影响，及时调整自身的盈利模式以适应市场变化。

由卖产品变为卖方案

升维经营是一种战略转型方式，指的是将企业经营的重点从单纯的产品销售升级为提供综合的解决方案。这种转型方式旨在提升企业的盈利能力，增强竞争力，并满足客户日益增长的需求。

升维经营的优势包括：提高产品的附加值，增加企业的收益；更好地满足客户需求，提高客户满意度和忠诚度；提升企业的品牌形象和市场地位；增加企业的技术积累和创新能力。

第一，将产品变为一种诱惑。

一位学员在重庆有3500个车位，本想以20万元一个的价格售出，但因为对面商圈的某开发商为了还债，而将原价22万元一个的车位降价至12万元。如果这位学员也跟着以12万元一个的价格售卖，同样也会卖出，但他舍不得，毕竟车位在当下属于稀缺资源，且这些车位的地理位置很好，自己又没有资金压力，没必要贱卖。那么，这位学员要如何做，才能让自己既不用降价销售，又能将车位售出呢？

如果按照单纯的销售产品的思维，这个问题就无解了。降价舍不得，不降价又会被开发商的车位顶住。但如果用产品金融化的思维解这道题，根本就算不上问题，因为解法有很多种，我在此简单地说一种方法。可以告诉用户在指定的银行办理信用卡，连续刷6年，每个月该信用卡的流水要达到1000元，也就是不限制，必须消费，也可以是收入，也不限制额度，5万元、10万元皆可。同时告知用户，若能将该信用卡连续使用6年，且每月流水不间断，这个车位就送给用户。

面对这样的诱惑，用户会不会办理信用卡？答案是肯定的。车位几乎家家都需要，而这种只需办理信用卡并且保证连续使用，就能得到车位的好事，打着灯笼都难找，况且现在很多人都有办理信用卡的需求，岂非一举两得。

第二，升维是一场全方位的联动。

在升维经营的过程中，企业需要将关注点从产品本身扩展到更为广泛的解决方案，包括产品的设计、开发、制造、销售、售后等全流程。通过提供综合的解决方案，企业可以更好地满足客户需求，提高客户满意度，并增加客户黏性。

假如，某公司在青海有 3000 亩高原樱桃园，要怎样做才能将这些樱桃的价值做成最大盈利呢？仅按照过去的思维卖产品是不可能的，在此基础上的创新模式也会遭遇到各种瓶颈，但采用升维经营，将卖产品变成卖方案，一切就简单多了。具体方案设计如下：

第一步，用户投资 5 万元，获得一亩樱桃园 10 年的使用权。

第二步，保证这 5 万元不进入该公司的账户，而是进入当地一个储蓄银行的账户。银行将这笔钱当作投资理财，6 年后返还用户的本金。

第三步，这一亩樱桃园上收获的所有樱桃的 3/4 由公司帮助代为销售，代卖的收益由公司和这亩樱桃园的主人（用户）均分，另 1/4 由这亩樱桃园的主人（用户）自行决定，想自留、想送人、想包装都行。

第四步，公司赠送所有购买樱桃园的主人（用户）一份额外福利，即每年 2 人次的去世界各地的 4 天 3 夜的"青春再造"之旅。

第五步，因为青海有不少穷困的学生，为每位樱桃园主人（用户）选出两个扶贫名额。具体是什么意思呢？即用户投资了 5 万元购置樱桃园，公司要拿出一部分购置费帮助当地的孩子们完成求学梦想。

经过这样的设计，该公司从产品销售方变成了众筹方，而用户从潜在的购买方变成了投资方。这就是产品金融化的一个非常典型的身份转变，不仅让买卖双方的身份转变了，还让买卖双方的身份升级了。由卖产品变成卖方案后，作为潜在用户，从自己的视角，不再是单一的樱桃怎么样？而是扩展成为这个樱桃园怎么样？进而扩展到这个项目怎么样？顺便还能思考整个行业怎么样？

试问，看到这样的投资方案，如果你是潜在用户，会不会被这个项目吸引？我们来认真看看这个项目的投资回报，首先是有回本的保障，毕竟钱是进了银行，不担心企业会不作为；其次是有回报，樱桃每年都会长，长出来就是收益，且公司包销路，自己还有一部分樱桃的自主权；再次，还有额外回报，免费旅游的机会总是不想错过的；最后，还做了善事和爱心，帮助两名贫困学生是以用户的名义捐赠的，用户既得到了名，也得到了利，还得到了安全感。

通过对上述两个案例的详细解读，我们知道了建立在产品金融化赚钱盈利模式的升维经营。单一地卖产品叫消费市场，把产品变成载体进而再盈利的机会，叫作创业市场。

通过对上述案例的分析和企业实际经营中可能遇到的种种现实问题，实施升维经营的步骤包括：其一，分析市场需求和竞争环境，确定目标客户和需求痛点；其二，根据目标客户和需求痛点，制订综合的解决方案，包括产品、服务、技术支持等多个方面；其三，通过营销和销售渠道，推广解决方案，吸引目标客户并促成交易；其四，在交易执行过程中，提供专业的技术支持和服务，确保客户满意度和口碑；其五，不断优化和升级解决方案，以满足市场的不断变化的需求。

产品金融化盈利模式主要是通过将金融元素与产品相结合，实现产品的金融化。这种模式可以提升企业的收入，扩大企业的市场份额，同时增强产品的竞争力，使产品更具吸引力，提高销量。

打通上下游利益链

产品金融化盈利模式中的一个十分常见的情况就是借用金融杠杆，将利益链的上下游一并打通。之所以要借用金融杠杆去打通，是因为凭借企业单独的财力不足以支撑。

第一，金流 × 时间＝利润。

> 我的一个学生开招商会，目标是收 50 万元赞助费，但他觉得仅仅借助这次招商会现场很难收到 50 万元，就和我商量有没有其他办法。我让他把当地的华夏银行负责人找过来，在跟华夏银行深入交流之后，华夏银行方面同意出资 50 万元赞助费，但有一个条件，现场帮他们办理符合华夏银行条件的 40 张 50 万元额度的信用卡，等于帮华夏银行完成 2000 万元的额度。
>
> 在场的人一分钱没出，还获得了一张 50 万元额度的信用卡，只要确保每个月按时还款即可。这种额度的信用卡平时还不太容易能办得出来，算是满足了一些人的刚需。这种大家都没什么压力的招商会，结果自然是好的。因此，现场很轻松就办理了 42 张，银行的 50 万元赞助费如期到账。

很多企业经营者都知道要借助银行杠杆帮自己解决问题，但具体懂得如何运用的，却少之又少，也就是说只懂得道理，不懂得实践，最终等于一无所获。多数企业经营者和银行打交道，就是去办理抵押贷款，将自己的不动产拿去抵押，等待银行评估回信，却不知道现金流辅以时间的加持就能得到利润。因此，产品金融化盈利模式，就是要想尽一切办法，通过产品把现金换回来，有没有可见的利润都不重要，只要有钱就可以赚到比产品更高的利润。

第二，预售吸金，用金融做变现。

借用金融杠杆，打通上下游利益链是一种有效的经营策略。通过合理利用金融杠杆，企业可以增强自身的资金实力和经营能力，同时也可以与上下游企业建立更加紧密的合作关系，实现共赢。

我们以再造一家100亿元到300亿元的酒品公司为例，看看如何通过金融化的方法，借助杠杆撬动上下游，实现企业的快速增值。

A公司为贵州省遵义市仁怀市茅台镇的新创酒类企业，其主打品类为酱香型白酒，但不能单卖产品，而是要用产品做交换，撬动金融杠杆。酒的售价为298元，除了购买当天收到的一瓶53度的酱香型高档白酒外，在接下来的12个月，每个月都能收到一瓶同样的白酒。对于用户而言，茅台镇上出品的酒，品质和档次都具有，买一瓶赠送12瓶，但要分12次到货。同时还会分别返给C端经销商和B端经销商每瓶多少钱。

这一番操作下来，看似每卖一瓶都要亏钱，但奇妙的事情正在于此，因为背后有强大的金融逻辑，让这种销售方式不仅不亏损，还能赚取到意想不到的利益。顾客购买一次，等于先一次性付清了一年的钱，A公司得到这些预售款后，不用付一分钱利息，用兑付即可。

做生意绝对不能限制于产品思维上，而是要学会运用金融思维，提前拿到预付类款项，然后通过这部分资金进一步整合上下游资源。生产酒必须从上游买粮食，于是A公司用销售酒所得的预付款项向上游供应商采购高粱。当然不能有多少钱就采购多少高粱，这样只是从销售方转变为采购方，还是没有脱离产品思维。A公司需要运用金融思维，将上游供应商的高粱也金融化，比如向 B 公司提出一次性大量采购。只要满足高粱价格不压价太多和提前预付可以满足 B 公司要求的预付款项，就可以达成交易。因为采购量大，所需的预付款项也多，而 A 公司作为新创企业，之所以有如此大的现金实力，就是因为他们通过让利进行了预收。A 公司有了资金流的保障，不仅让上游供应商愿意合作，还可以要求供应商给自己返点。为了留住 A 公司这样的大客户，B 公司会在利益范围内同意返点。

同理，生产酒还需要酒瓶、包装等上游供应商，在金融思维加持下，就能让这些供应商愿意合作，因此不能只靠产品赚钱。上游不断做大，除了能拉升企业产量外，更重要的是可以降低生产成本，因为高粱采购价、酒瓶订购价和包装订购价都会随着大量预订而降低，必将使成品酒生产价格降低，而生产价格降低就会提高产品的市场竞争力，提升销量，销售量提升了，供应商也将随之做大，这是连续发生的，也是必然发生的。销售量提升会让代理商不断提高进货量，进货量提升就意味着 A 公司收到的预售款越多，让 A 公司面向供应商会有更大的话语权，这是可以预见的良性循环。

由此可见，借用金融杠杆的整套逻辑，就是通过预售抢流，用金融做变现，打通上下游的链条，这种盈利模式的杀伤力非常大，等于将产品甩给别人，再把别人的现金流拿过来，其实能顺利完成第一步，就已经赢了。别人拿着你的产品去赚钱，而你拿着别人的钱去赚钱。

在经营过程中，企业难免会遇到资金周转不灵的情况。此时，通过金融杠杆借入资金，企业可以获得更多的资金支持，以扩大经营规模、提高生产效率、研发新产品或进行市场拓展等。通过合理利用金融杠杆，企业不仅能放大自身的经营能力和市场影响力，还能放大企业的经营效果。此外，通过借入资金进行市场拓展和品牌建设，企业可以更快地占领市场、扩大规模，提高自身的竞争力和品牌价值。总之，借用金融杠杆，打通上下游利益链是一种有效的经营策略。

23. 资本融资盈利模式

> 高级的融资模式不仅一分钱成本不用付出,还不能涉及企业的经营权、所有权和分红权,不花一分钱,通过融资就可以直接获利的模式叫项目融资。
>
> ——王冲

高级的融资不涉及企业"三权"

现在我问大家，世界上最高级的融资模式是什么？

你可能会回答，是股权融资、债权融资、天使融资、众筹融资……或许这些融资无论是听起来还是操作起来，都是特别高级的。

但如果我再问，高级的融资模式不仅一分钱成本不用付出，还不能涉及企业的经营权、所有权和分红权，哪种融资模式最高级呢？

再回答就比较难了，好像哪种融资都需要付出一些代价，不用付出成本，就要付出权益，哪会有无须代价的融资呢？

现在，你想要开一家餐厅，需要资金100万元，但你的自有资金只有80万元，还缺20万元，接下来应该怎么做？

第一，传统融资的问题出在哪里？

多数人的做法是借贷，或者向亲朋好友借，或者从员工处融资，或者从银行贷款，凑齐这100万元。这种借钱做生意的方式，会给经营者带来很大的身心压力，陡增经营的难度，经营者顾虑很多，还要应对债务到期的压力，无形中提升了经营失败的可能性。

少数人的做法是融资，常规做法是让渡出部分股权，获得20万元投资。好一些的做法是不按照投资比例划分股权，即你投资80万元，但占80%以上的股份，投资方投资20万元，占20%以下的股份；差的做法则是按照投资比例划分股权，则你投资80万元，占80%的股份，投资方投资20万元，占20%的股份。好的做法是在股权让渡的基础上尽力保障了自己的权益，因为投资方往往都是只投资不经营的，若是按照投资比例划分股权，则经营方的经营权益就无法获得保障。且随着企业不断做大，投资方最初的20%的原始股所占的权益越来越多，但其贡献值却越来越小，甚至都不再有贡献了，却仍然占据不小的股份。

因此，这两大类融资方式都是错误的，最起码都不是首选。第一种是债权融资，借钱就一定要还，还不上就会面对诉讼官司。第二种是股权融资，用股权融资就必然要以企业的所有权、经营权和分红权为代价，否则就不可能融到资金。

> 企业最可靠的是现金流，最值钱的则是所有权、经营权和分红权。很多企业经营者就因为走了这两条路，导致现金流越来越少，因为欠债必须还，股息必须分，红利必须给，企业往往是有了收益就要先还债或者先分红。所有权和经营权松动，则会导致企业股权被稀释，而且随着融资越来越多，股权稀释比例也会越来越大。这样经营企业是难有路走的，而只有保住决策权、经营控制权、监督权，才能保住来之不易的现金流，也才能真正掌握住企业的控制权。
>
> 比债权融资、股权融资好一些的融资方式是招商。招商的对象不是代理商，而是商业合伙人。让合伙人向本企业投入资金，既不算借债，也不会给予股权，取而代之的是一些当下更实惠的东西，如一定金额的消费卡，一定金额的本地生活消费券。此外商业合伙人可成为分红股东，但只享有门店的销售分红，不享有企业的股权分红。同时承诺，商业合伙人在本企业的一切消费均享有一定的折扣。

相对于债权融资和股权融资，招商有三个明显的好处，即不会欠债、没有债权关系、没有稀释企业股份。企业经营者既得到了资金，又能保证对企业百分之百的控制权。更为关键的是，招商比股权融资，比债权融资的融资速度更快。

第二，零成本、零代价的项目融资。

当然，说了这么多，并不是建议大家不进行债权融资或股权融资，这两者对缓解企业经营压力还是很有帮助的，很多大企业在发展的过程中都曾启用过各类融资策略。但是，在很多大企业的发展过程中还有一些不会刻意宣传的盈利模式，即真正的零成本、零代价，且融资金额更大的方式。这也是本节要讲到的最高级的融资方式——项目融资。

项目融资非常明确，即企业当下有什么样的项目，准备怎么做，投资方投钱后怎么和企业划分收益，有没有其他代价。

那些只向用户销售骆驼奶的企业，资金链的维持都很不易，因为消费者对这种非生活必需品的购买频率是有限的，不可能经常性地购买。因此，给用户讲产品的企业都难做大，而给用户讲项目的企业则会逐渐脱颖而出。

可以告诉用户，花5万元买一头骆驼，就可以获得两项看得见的福利，一是自己可以随时喝6年的驼奶，二是10年内拥有这头骆驼的使用权，包括驼掌和驼峰的食用权。6年后企业还会将这5万元的本金退还给用户，用户等于没花一分钱喝了6年驼奶，还吃到了驼掌和驼峰。

用户仅仅因为可以喝到驼奶和吃到驼掌与驼峰就将5万元交给企业吗？显然这不足以说服用户交钱，但如果这6年内，用户拥有这头骆驼所产的所有驼奶的销售权，当然是由企业代为销售，用户可以从获利中分得五成利润。这样用户会不会愿意交钱购买一头骆驼呢？显然，不仅愿意，而且十分愿意。5万元做一个项目投资，自己不仅能当时受益（喝到驼奶），还能获得项目收益（销售驼奶的分红），6年后还能重新拿回本金。相比较将5万元存在银行，显然这项投资能带给用户更大的收益。

一头骆驼5万元，但一定有人看到了其中的利益而不只是买一头，这是人性对利益追逐的必然。由此可见，融资看似不易，但只要能设计出一套别人能主动将钱给你的方案，融资不仅简单，还不用付出成本和代价。

我总是告诫学员，以项目融资必须让所融到的资金实现"自由"，第一要保证投资的钱是安全的，第二要保证投资是有收益的，第三要保证投资的钱可以来去自由。

下面来看看项目融资的零成本和零代价，在实用性方面具有哪些优势：其一，可以降低企业的融资成本。传统的融资方式需要企业支付高额的利息、费用或大量股息、分红，而项目融资则不需要企业支付任何费用，从而降低了企业的经营成本，提高了企业的经济效益。其二，可以加快企业的融资速度。由于不需要支付任何费用，企业可以更快地获得所需的资金，从而加快了企业的融资速度。有利于企业更好地把握市场机遇，提高企业的竞争力和市场占有率。其三，可以提高企业的财务稳健性。由于不需要支付任何费用，企业可以将更多的资金用于经营和投资，从而提高企业的财务稳健性。有利于企业在面对市场风险和不确定性时保持稳定的经营状态。其四，可以为企业提供更多的资金来源。由于不需要支付任何费用，企业可以通过多种方式获得资金，为企业提供了更多的资金来源，有利于企业更好地规划和管理自己的财务状况。

综上所述，项目融资的零成本和零代价所具有的这些优势，可以帮助企业更好地应对市场挑战和机遇，提高企业的竞争力和可持续发展能力。

第三，不用母公司直接融资。

不用母公司去融资！这是我再三强调要告诉大家的。因为母公司的股权太珍贵了，又非常值钱，如果用母公司去融资，就等于轻易让渡母公司的股权，导致企业经营者所占的股权比例越来越低。一个不能忽视的结果就是，融资目的是达到了，但对公司的控制权却逐渐丧失了。最后辛辛苦苦地将公司做大了，但创始人或创始团队却出局了，蛋糕被后入局者分享了。

因此，融资前必须对公司的股权结构进行设计，单独成立一家有限合伙公司，让有限合伙公司以母公司 LP（有限合伙人）的资格持有母公司的股权，创始人或创始团队则以母公司 GP（普通合伙人）的资格持有母公司股权，并掌管母公司的经营权利。也就是母公司只有创始人或创始团队是自然法人股东，其他的都是通过有限合伙公司间接与母公司形成关联。

同时，母公司的创始团队或创始团队也是有限合伙公司的 GP，其他所有的投资者和员工都是有限合伙公司的 LP。当有融资需要时，就通过有限合伙公司进行融资。这样做的直观感觉就是，企业被分成了两个部分，一部分搞钱，另一部分搞人。

项目融资可以复利获利

学员问："王老师好，我计划做客栈，古风的那种，我只有 32 万元启动资金，但想做一家 150 万元的客栈。原本计划全城招募 50 个创业股东，每人交纳 2 万元即可成为客栈的创业股东，可以得到 0.5% 原始股。原以为这很容易，但两个月只招入了 16 个人，第 17 个人怎么也招不上来，距离 50 个的目标差距很大。不得已我自己又借了一些资金，也都投入进去了，但距离 150 万元仍然有距离。如果不能找到资金，我古风客栈的梦想就破灭了，还倒欠了一屁股债。我希望您能够帮我把不足的钱'变'出来！"

我回答："为什么现在很多老板总是现金流不够？因为现金流被前期投入消耗掉了，但企业还没到盈利的时期，无法自身造血，企业只有两条路可走：通过付出代价寻找投资或者不寻找投资死扛下去。运行前者，企业或许会活下来，但可能会丧失控制权；运行后者，企业几乎不可能活下来，前期投入也都打了水漂。"

这番回答可谓正中许多企业经营者和创业者的下怀，融资就是一把双刃剑，融到资金可以为企业生存提供保障，却不能为经营者的控制权提供保障。

对于这家客栈的融资策略，必须做出全方位调整，因为再按照原来的路子走下去，就算顺利得到了 50 个原始股东的加入，客栈宝贵的原始股权也被分掉了 25%。如果后续还需继续融资，还要再稀释股权，客栈的经营控制权必将受到挑战。若客栈后续发展很好，原始股的价值将水涨船高，虽然每位原始股东只有 0.5% 的原始股权，但也将随之获得很大的收益，这与原始股东的贡献是不匹配的。因此，尤其是在企业创业阶段，原始股不要轻易让渡出去，即便必须让渡，也必须获得最大价值。

下面，对该古风客栈的融资方案做出全新调整，分为以下三个步骤：第一步，将 2 万元的原始股改成 1 万元的消费分红股；第二步，消费分红股东既享受消费折扣，又享受多项消费特权；第三步，消费分红股东享受平台圈层中的收益。

虽然消费分红股东相比较原始股东只改动了几个字，性质却完全不一样，一方面保住了企业的原始股权，另一方面放大了人们潜意识中喜欢分红的意愿。而且消费分红股的操作方式也很简单，下面具体解析这种新融资方案。

第一，成为消费分红股东。

投资 1 万元成为客栈的消费分红股东，这 1 万元可以抵 1.5 万元消费，即为主卡，相当于给投资人打了 7.5 折。此外再送投资人 1 万元的消费卡，但要将这 1 万元的消费卡拆分成 10 张副卡，每张副卡面值 1000 元，且只可绑定一个手机号和一个身份证号。即投资人持主卡，10 张副卡可以赠送亲朋好友。

假设给 100 位消费分红股东每人送 10 张副卡，就是 1000 张。因为副卡是被拆分的，这 1000 张副卡对应的可能就是几千或上万名客人。此时，客栈尚未开业，就已经解决了拓客的问题，只需把副卡送出去即可，谁身边没有几个朋友呢！所以商业模式最牛的地方就是激活老客户，同时要挖掘老客户背后的资源。

当然，投资人持有主卡和客人持有副卡，并不意味着他们一定会来客栈消费，还需要对消费卡的消费方式进行设计。其中，主卡已经是打 7.5 折了，因此无须再额外设计，需重点设计的是副卡，而且副卡对应的客源人数也更多。可以设计送出去的 1000 元副卡抵作每次消费金额的 20% 使用。

例如，你是客栈的消费分红股东，在客栈投资了 1 万元，即本人拥有 1.5 万元的消费金额。你还有 10 张副卡，每张副卡里有 1000 元的面值，送给身边 10 个有此需求的亲友。他们带着副卡来客栈消费，如果当次消费是 1000 元，从副卡里刷 200 元，自付 800 元，相当于打了 8 折。而你可以从此次朋友的实际消费金额 800 元中获得 10% 的提成，即 80 元。所以，投资了 1 万元，不仅自己可以享受 1.5 万元的消费，还获得了与亲友增进情感的机会，更重要的是获得了一次赚钱的机会。

第二，消费分红股东的特权。

成为消费分红股东不仅享有赚钱的机会，还配套享有一系列相关的红利，属于股东才有的"特权"。各类企业都可以为自己的消费分红股东制定配套特权，只要在企业利润率允许的范围内即可。该客栈给消费分红股东退出的特权包括以下几项：持股东卡在附近的三家 KTV 消费，啤酒免费喝，不限时，不限量；持股东卡在附近烤鱼店，原价 109 元的烤鱼只要 9.9 元；持股东卡在附近的洗车行洗车，原价 40 元，现在只要 10 元……

该客栈给消费分红股东的消费特权共计 170 多项。如果你有这张股东特权卡，请问：即使卡上的钱花完了，你会把它丢掉吗？我相信谁都不会丢掉。

第三，建平台，搭圈层，用平台圈层服务股东。

该客栈从哪里找到这么多的股东特权呢？只靠客栈方面是不行的，其实这些特权都是 100 位消费分红股东带来的资源。这就是为什么要找 100 位消费分红股东的原因了，相互引流，相互提供赚钱的机会。

如果你不是客栈的消费分红股东，即便想为客栈提供资源，对不起客栈不要。因此，你只有成为客栈的消费分红股东，你提供的资源才有资格流通到客栈的 100 位消费分红股东圈里。其实，就等于花了 1 万元钱入股，买了一张进入圈子的门票，既能享受股东特权，也可以赚到钱，还获得了数千个精准客户。

以前客栈的融资模式找不到股东，原因是利己，大家都有防备心，有所顾忌。但是，现在完全奉行利他思维，把自己的合作伙伴放在了最安全的位置上，把客栈经营成了一个小型的资源共享平台，虽然比不了阿里巴巴、腾讯、百度这么大的平台，但也是一个平台的雏形。所以，未来要么建立一个平台，要么加入一个平台。

24.
资本溢价盈利模式

做大企业、获得利益,并非只有提升利润这一条路,还有一条更快捷且对企业发展更为有利的路径,就是借助资本注入实现企业增值和资本溢价。

——王冲

做大商机，做大企业

> 未来五年最大的商机，是从创业市场向资本市场转型。所以，作为企业经营者，正确的事情只有两件，要么把自己的企业做成上市公司，要么把自己的企业卖给上市公司。两者做到其一，就可以完成人生第一桶金的原始积累。

当前的中美竞争就是一个非常好的契机，但多数人看到的只是竞争的难处，只有真正的高手看到的是竞争背后的商机。因为矛与盾是相辅相成的，在矛的后面必然有盾，危的后面也必然有机，虽然看到竞争后面的商机已然很困难，但如何把握商机则更是难上加难。这个机会代表着中国会更加强大，人民币国际化的速度将会越来越快，"一带一路"的发展也会越来越顺利。因此，发现商机，并能把握商机，等于是跟着党和国家一起发展。

第一，先做大商机，才能做大企业。

最大的商机通常来自不断变化的市场需求和技术进步。要做大企业，关键在于先发现并做大商机。也就是将行业的整体盘子做大，在一个商机被广泛认可的领域内，企业的价值也就水涨船高。一些迎着风口创业的企业，刚一出生就能获得融资青睐，企业资产陡然提升，企业估值迅速飙升，有的企业在还未获得盈利能力之时，已经成为行业的"独角兽"了。

多年的深耕使美图创意的"美图秀秀"APP，抓住了市场空缺，践行了"让科技与艺术美好交汇"的使命。自2008年上线以来，在图片美化赛道长期保持用户规模第一。同属美图集团旗下的"美颜相机"APP 的用户规模及月活均位列行业第一。

但美图秀秀和美颜相机的强大却并非来自自身造血，而是外部输血。美图秀秀创造了三年融资 30 亿元的神话，也不可思议地创造了 30 个月累计亏损 61.8 亿元的"神迹"。即便业绩如此惨淡，但外部仍然看到美图秀秀，融资渠道依然畅通，根本原因就在于外界对美图领域的广泛认可，而美图秀秀凭借早行动卡住了身位，凭借行业第一的排名受到资本界的格外关注。

共享领域商机刚出现时，以共享单车为例，所有那时起步的企业都是新手，能迅速将企业做大的原因是共享领域的商机无限。起初，只要参与其中的企业都能分到一杯羹，逐渐地少数企业脱颖而出，多数企业黯然退场，少数活下来并做大的企业，瓜分了市场的大部分份额。

与共享单车类似的是网约车，以及未被腾讯和阿里巴巴收购的滴滴与快的，不仅相继实现了连续性大规模融资，还分别在背后"金主"腾讯和阿里巴巴的援助下，展开了大规模的打车补贴烧钱大战，你烧 10 亿元，我就烧 15 亿元，进一步拉升了市场热度，完成了对整个行业的资本整顿，最终成了行业的双霸主。

由此可见，在当下流量为王和多风向风口的时代，借助商机成就企业成为必然。企业只有身处于被资本热钱看好的领域，才有机会在短时间内迅速做大。

作为企业经营者必须明白，专注于追求大商机是成功建立大企业的关键一步。通过深入市场研究和分析，企业能够准确把握潜在的商机，为其发展提供坚实的基础。而抓住大商机则意味着更广阔的市场份额和更丰富的机会，有助于企业在竞争激烈的商业环境中脱颖而出。此外，追求大商机也为企业提供了更多的资本和资源，使企业能够更有力地投资研发、营销和扩张，从而实现规模化经营。

总体而言，只有在积极追求大商机的基础上，企业才能够获得更广泛的市场份额、更多的资源支持，并最终成功实现规模化。

第二，企业增值溢价的关键因素。

做大企业并非易事，企业必须深入了解目标市场，提供有价值的产品或服务，并不断创新以满足客户需求。还须具备灵活的战略规划和执行能力，以适应市场变化和竞争压力。此外，建立强大的团队、有效的营销策略和良好的财务管理，以确保企业能够高效运作并持续创新。下面具体阐述企业发展过程中实现资本增值溢价不可或缺的一些关键因素。

完善商业模式：审视企业的商业模式，寻找提高收入和降低成本的机会。可能涉及调整产品或服务的定价策略、扩大市场份额、提高客户满意度等。

增强核心竞争力：通过不断加强企业的核心竞争力，提高企业在市场中的地位和影响力。可能涉及技术创新、品牌建设、产品质量、客户体验、财务管理、风险管理等方面。

拓展业务范围：通过多元化投资或收购其他企业，将企业的业务拓展到新的领域或市场，以增加收入来源和市场份额。

优化资本结构：通过优化企业的资本结构，降低企业的成本和风险，提高企业的盈利能力和资本回报率。

提高运营效率：通过改进生产流程、降低成本、提高产品质量等方式，提高企业的运营效率，增加利润空间。

关注市场趋势：通过密切关注市场趋势和竞争对手的动态，及时调整企业的战略和业务模式，以适应市场变化。

建立良好的企业形象：通过积极履行社会责任、关注环保和公益事业等方式，树立积极的企业形象，提高企业的声誉和品牌价值。

保持与投资者的良好关系：与投资者建立良好的沟通和合作关系，确保企业的财务透明度和诚信度，提高企业的信任度和资本溢价。

培养高素质的领导团队：通过招聘和培养高素质的领导团队，提高企业的战略规划、运营管理和创新能力，培养具有专业技能和激情的员工，从而提升企业的资本溢价。

持续改进和学习：不断学习和改进企业的运营、管理、技术和业务模式，以适应不断变化的市场环境。

通过以上措施的综合应用，企业将能够实现增值并取得长期成功。然而，这些措施需要持续的努力和投入，并且需要灵活地调整策略以适应市场变化。

做大企业，价值变现

京东9年亏损188亿元，美团8年亏损1155亿元，滴滴6年亏损500亿元，但京东创始人刘强东身家1800亿元，美团创始人王兴身家1200亿元，滴滴创始人程维身家300亿元。与创始人身家倍增对应的是，投资人同样是赚得盆满钵满，而这些巨亏的企业也在蒸蒸日上地发展着。好像这一些都违背了正常的发展规律，什么时候亏损与发展不再对立了？那么，这些看似巨亏的企业为什么会不断壮大，这些创始人和投资人又是赚的什么钱呢？

第一，让企业增值，提升资本溢价。

让企业增值，提升资本溢价的具体解释是：企业把用户、流量、知识产权等做大，然后高价卖掉，投资人获得最大收益。

这种商业模式在互联网行业非常常见，通常被称为"平台模式"。这种模式的关键在于通过各种方式来吸引用户、流量和知识产权，然后通过这些资源来创造价值，最后以高价将这些资源卖掉，让投资人获得最大收益。下面我将以一个具体的案例来详细阐述这种模式。

> 假设有一个公司叫作"快乐网"，它是一个在线娱乐平台，包括音乐、电影、游戏等各类娱乐内容。快乐网通过各种方式吸引用户，例如，推出优秀的娱乐内容、提供良好的用户体验、举办各种优惠活动等。这些努力吸引了大量的用户，让"快乐网"的流量逐渐增加。
>
> 在拥有了大量的用户和流量之后，"快乐网"开始注重知识产权的保护和积累。与各大娱乐公司合作，获得了许多独家版权，从而保证了其平台内容的独特性和吸引力。同时，"快乐网"还通过技术创新，开发了一些独特的娱乐功能，例如，个性化推荐、虚拟礼品等，进一步增加了用户的黏性和活跃度。

随着用户基数的增加和知识产权的积累，"快乐网"的品牌影响力逐渐提升，其商业价值也日益显现。这时，一些大的公司开始对"快乐网"产生了兴趣，希望通过收购或合作来进入这个市场。例如，某大型互联网公司认为"快乐网"在娱乐领域有着独特的优势，打算以高价收购。

经过多轮谈判，"快乐网"最终被这家大型互联网公司以高价收购。这个高价是基于"快乐网"拥有的大量用户、流量和独特的知识产权所做出的价值评估。对于投资人来说，他们早期对"快乐网"的投资获得了丰厚的回报，收益远超其他投资项目。

总的来说，"快乐网"通过做大规模、积累流量和知识产权，最终实现了高价出售的目标，让投资人和公司都获得了巨大的收益。这种模式充分利用了互联网经济的规模效应和平台优势，是一种非常成功的商业策略。但是需要注意的是，这种模式的成功取决于多个因素，包括优秀的团队、正确的策略、良好的执行等，同时也需要面对市场竞争、政策变化等各种风险。

第二，在高估值时卖公司，换取最大收益。

现在，假设你有一个项目，天使投资人投入500万元，占10%的股权，此时公司的估值是5000万元，但公司还没有赚钱。

当A轮融资有其他投资人继续投入5000万元，公司出让20%的股权，此时公司的估值是2.5亿元。如果天使投资人的股权还是10%，这10%的股权已经价值2500万元，翻了5倍。但此时公司可能还在亏损。

B轮融资公司又拿到了5亿元的融资，公司又出让了20%的股权，此时公司估值就变成了25亿元。如果天使投资人的股权还是10%，这10%的股权已经价值2.5亿元，翻了50倍。如果天使投资人选择此时将自己的股权全部卖掉，其最开始投入的500万元升值至2.5亿元，获得了50倍的收益。如果公司上市后也选择出售，作为公司创始人赚得更多了。

通过融资将企业做大要远比通过经营收益将企业做大容易很多，现实中那些成立没几年便能做大的企业，无不是有多轮强力融资的推动。预计，此时你的公司可能成立还不到10年，就从最初的百万级公司做到了估值几十亿元。

试想，如果不进行多轮融资，只是进行一轮或两轮融资便截止了，接下来投资人仅是靠每年的分红赚钱，即使公司每年净利润1000万元，投资人占10%股权，也要250年才能赚到2.5亿元。当公司扩大了，每年净利润1亿元，投资人也要25年才能赚到2.5亿元。这就是资本的魅力，投资人赚的是股权的价值，而非公司的分红。因此，融资一定不要拿产品和利润吸引投资人，投资人需要的是既值钱又赚钱的项目。

高估值通常是由于市场对企业未来的增长和盈利能力的乐观预期，或者是因为市场上有其他投资者对该企业进行竞价购买所致。在这种情况下，企业可以通过出售自己来获得高额的收益。

综上所述，在高估值时出售企业是一种常见的商业策略，其目的是换取最大的收益。这种策略通常在企业的价值被市场高估时进行，因为此时企业股票的价格高于其实际价值，出售企业可以获得更多的资金。

25. 交叉补贴盈利模式

> 盈利不能限制于所生产的产品、所经营的企业内部、所置身的行业之内。交叉补贴就是让我们打破这些限制，从盈利本身出发，通过合理的内外部资源配置，赚取到更多的看不见的利益。
>
> ——王冲

通过资源配置，实现交叉盈利

> 商业模式设计由三部分构成，第一部分是流量，第二部分是利润，第三部分是合伙人。第一部分表明商业模式要解决什么问题，即解决流量的问题。流量对企业而言主要是三类，第一类叫信息流，第二类叫客流，第三类叫现金流。

企业必须通过正确的营销模式既抢到信息流，也抢到客流，有了这两类流后，才会产生现金流，所以我将这三类流量混合起来讲，而非专门讲某一类流。比如，合作创流最容易产生客流和现金流，彼此之间合作交换一下，你出一点资源，我出一点资源，他出一点资源，大家的资源被整合利用起来，就可以把流量做大。例如，A公司销售生产机器人，原价每台360万元，现在只需要交60万元的押金即可带走一台，但是生产过程中的采购必须全部交由A公司。于是A公司就将上下游企业的资源全部利用起来，实现了交叉盈利。

听起来有些复杂，实际操作很简单。现在假设A经营饭店，B经营蛋糕店，C经营影城，D经营咖啡屋。每天，来A家吃饭的人有100人，去B家买蛋糕的有50人，去C家看电影的有300人，去D家喝咖啡的有80人。如果每家单独经营，客源也就固定这些了，但是可以把这些流量进行混合，每家的客流量将是四家之和。

为什么说混合而不说当下流行的整合呢？因为没有人喜欢被别人整合，虽然人们都喜欢整合别人。因此，应该将资源整合成为资源配置，即你缺什么，我给你配点什么，我缺什么，你给我配点什么，目的是达成双赢。

第一，从所在的"游层"跳出来。

做生意就必然涉及上下游，企业本身也处在上下游中的一层上。因此，企业经营就不能将盈利思维只停留于本"游层"上，而是要跳出本游层，从全行业链路的视角将各游层资源统一配置起来，实现交叉盈利。

一位经营门成品加工的学员，其工厂每年的木料用量为1000万元左右，这个规模已经停滞多年了，他想了很多办法也难以让企业利润获得提升，没有利润做支撑，就不能扩大生产规模。现在他求助到我，我告诉他必须将经营眼界从只关注本企业变成关注企业所在的整个行业，也就是让思维从本企业所在游层中跳出来，去配置企业欠缺的资源。

我的方案是：不再受现有经营规模的拘束，而直接跟上游材料商谈判，谈什么呢？一不谈价格，过去多少，现在还是多少；二不谈账期，因为你的关注重点不在这里。只谈补贴。过去每年用1000万元的木料，现在要用2000万元的木料，要求对方给你返点。如果对方不同意，你可以换一家。请问，上游材料商会不会跟你谈？一定的，因为价格不变，账期不变，用货却多了，只要求返点，材料商当然会同意。而且，让材料商同意的另一个原因是，你要求的供货数量并未比之前的1000万元高出太多，完全在可接受的范围内。这样，企业的生产规模一下子就提升了100%，因为有返点，实际的木料采购价格等于打折了。

生产规模的提升，带动经营规模的提升，企业逐渐发展壮大，未来的木料用量会越来越多，每增加一个层次的木料用量，就可以要求材料商增加一个层级的返点额度。例如，每增加1000万元的木料，可以返一个点，增加至5000万元的木料，可以返4个点。

这就是交叉补贴，通过将上游企业的原材料资源配置进下游企业的生产过程中，让上游企业为下游企业做出补贴，而下游企业可以通过大量进货来增加上游企业的销售量，从而达到补贴上游企业的目的。

第二，从所在的行业跳出来。

作为企业经营者，不要总想着在自己所在行业内赚钱，因为同业竞争过于激烈，跨行业合作日趋频繁，限制自己在一个行业内赚钱的思维已经落伍了。必须打开思维，让思维从企业所在行业内跳出去，通过行业的交叉赚取利润。

一位学员在了解了交叉补贴的盈利模式后，深得要领，迅速用到自己的经营中。她从自己深度了解的美业领域跳出来，只是将美业作为一个可以与客户产生高度黏性的入口，将自己门店的所有客户中的 30 位最有价值的客户分离出来，推荐这些"大鲸鱼"客户在别的行业消费，只要消费在 50 万元到 100 万元之间，她就能获得 30 万元到 40 万元的佣金。因为与其他行业的合作越来越多，她的客源也越来越多，"大鲸鱼"客户自然也就越来越多，佣金成了她的主要利润来源。

这位学员可谓将交叉补贴的精髓都学到了，设计出的商业模式既直接又犀利，将自己所在的服务行业与其他行业，通过利益关系深度绑定。我非常喜欢"利益绑定"这个说法，因为这个世界上能让关系长久的就是利益价值，我最近策划的水果配销也是利益的深度绑定。

该策划案的宗旨是：种植水果的利润，让果农赚；销售水果的利润，让所有参与配销的人赚。只有将利润让出去，那些获得利润的人才能认真参与进这条价值链中，果农会认真种植，配销方也愿意用水果去做自己产品的配销。

这种配销模式简单解释是：客户买你的产品，你则送我的水果。假如，你是做建材商的，有客户购买 1 万元建材产品，你就附送该客户价值 1 万元的水果，等于帮助建材商给客户打了五折，建材商将根据配销量给我返点。这样客户购买建材的动力就会强很多，毕竟水果拉回去也能换到钱。客户可以直接来我这里领券，然后登录我的商城下单，24小时到48小时就可以收到全国最高品质的水果生鲜了。

有人看到这里有些蒙了，水果除了有一定返点，水果本身的利润一分钱不赚，我这么做图的什么呢？难道是白给建材商拉帮套吗？当然不是。我当然也有赚的，而且赚得比销售水果还要多。因为我赚的是快递公司给的补贴，我跟顺丰达成协议，从签订合同到开始的一年时间内，寄件在1000万单以内的，我发送的快递一分钱不要，超过1000万单以上的部分，每一单补贴我3元。如果我一年能在顺丰做到3亿单左右，大家可以算算，我能获得多少补贴！一年可以获得9亿元左右的补贴，这还需要赚什么水果的利润。

一定会有人问，购买水果也需要本金啊，一单水果价值多少，靠返点和补贴能弥补水果的进价吗？我仅举一个例子，最好的猫山王榴梿，市场价是30元左右500克，但我进货最多只需6元500克，为什么这么便宜？因为我是提前4个月预定的，并且直接付款了，所以我才能拿到非常优惠的价格。像猫山王榴梿这种高单价的水果都能以如此折扣进货，其他大多数常规水果的进价折扣就更低了。但即便是如此低的进价，我还是不赚水果的利润，因为我要赚更大宗的交叉补贴的利润。

由上述讲解可知，所谓交叉补贴，就是不靠本行业赚钱，更不靠产品和店铺、工厂与公司赚钱，而是彻底脱离游层和行业限制，在游层之外和行业之外寻求利润捆绑落地。

通过交叉补贴，赚看不到的钱

从某种角度而言，有人赚的是你看不到的钱。

怎么理解上面这句话呢？有些看似很明白的盈利模式，其实并不是真实的，那只是表象，盈利模式的根子在看不到的地方。比如，很多人在淘宝买东西，会发现一些商家一两元钱的商品也包邮。不禁奇怪，这么便宜的商品，还要发送一单快递，产品售价能不能低过产品成本暂且不说，单就发送一单快递的钱，就足以让商家赔本了。难道，真有商家愿意长年累月地"赔本赚吆喝"吗？

之所以会产生这样的疑问，就是非常典型的只看到表象利润，而看不到内在利润。首先，供应链是超低价包邮商品实现盈利的因素之一，可以通过集采模式、降低包装标准、简化产品线等方式尽可能压缩产品成本；其次，超低价包邮商品普遍采用精准营销策略，通常是精准定位、减少客户流失率、用户独享促销等方式以提高转化率和ROI（投资回报率）；再次，实现超低价包邮必须选择经济实惠的物流渠道，与物流公司协商，或者采用快递包月服务，或者采用按斤称重模式；最后，商家借用超低价包邮商品为店铺引流，实际上为自己的店铺和其他高价商品打广告，以吸引更多的消费者访问店铺并进行购物。

综上所述，超低价包邮商品在电商市场中存在合理性和必要性，对于商家而言，更多的利益来自表面看不到的地方。

如今，总有一些老板虽拼尽脑力，却依然走上了业绩下滑之路。下坡路总是更容易走，走上了就难以挽救。为了避免企业业绩下滑，也为了挽救正在下滑的企业，作为企业经营者，必须思考交叉补贴，不管是做什么行业的。

> 第一，用主副产品的设计形成交叉补贴。
>
> 大家在市面上所有买到的大米，几乎都是付钱后，大米买到家。但如果我告诉你，卖大米也有更酷炫的方法，可以赚到更多的钱！你愿不愿意试一试？
>
> 告诉顾客：交1万元成为会员，两年内每个月给顾客6千克最好的大米，同时配上红枣、枸杞；还额外送顾客4天3夜的亲子游，去大米原产地教孩子怎么插秧，怎么打谷，让孩子知道粮食是怎么来的；当两年时间到期后，将顾客的1万元会员费全额退还。等于顾客免费吃两年的大米，赚的就是第三方交易补贴的钱。

因此，我再次重申，一定不要让过去的赚钱的方法把自己困住，要打开思维。不要总认为是产品卖不出去，而是你没有给产品修一条卖得出去的通道。

曾给一位朋友的饭店支了一招："全城王姓进店免费吃。"饭店的生意立有起色。这样做的目的是制造稀缺感和成就感，因为顾客消费的是感觉，当感觉有了，就会有我们想要的结果。因此，这种引流方式就必须有截流的手段作为补充，不能无限度地"全程免费吃"，那样不仅成本不可控，而且也无法形成稀缺感和成就感。同时，"免费吃"也是有条件的，不能所有的菜品都免费吃，而是要形成主副产品模式，设计成交叉补贴来赚取利益。比如，主产品鱼头泡饼免费吃，而副产品酒水或者其他副菜是需要收费的。

免费的目的是让顾客进店，享受一次或多次的免费机会，最终的目的是现场形成排队充卡的人气效应。一次免费，是用一类主副产品的设计形成交叉补贴。多次免费，是利用延长利益链条实现后端盈利。比如，每人发几百瓶啤酒，但不能带走，而免费菜品只能店内食用，以此实现顾客经常进店消费的结果。

可能有人问，只是王姓享有这个待遇，别的姓氏没有，会不会对门店品牌造成伤害？其实不会。只要制造一个有说服力的理由即可，比如老板姓王，家有喜事，周年庆典，请全城的王姓家族的老少爷们吃饭！合情合理！

第二，通过延长利润链条实现交叉补贴。

问：夜市卖小龙虾，怎么样才能做到没有对手？

一定有人会说：搞特价打折。这是我们惯常的思维，但折扣又不会太低，因为都担心赔钱。如果你觉得折扣低到五折已经很有吸引力了，那么麻烦你抬头看看其他卖小龙虾的条幅，估计都是一样的各种折扣+低价套餐。招数都烂大街了，你能想到的，别人也会想得到，所以这样的招数一定没用。

现在我们需要拿出奇招，直接KO其他竞争对手。南方某地的一家小龙虾店经营者，就在其他家都在搞特价时，他直接打出了"免费"牌，让自己获得了源源不断的顾客群。

之所以将"免费"打上引号，是因为不是无限免费，而是可控免费。该店铺让顾客免费吃10只小龙虾，但顾客没进来之前并不知道免费的具体内容，只是看到"免费"就进来了。对于顾客而言，只有10只小龙虾可免费吃，也可以啊，于是成功实现了引流。

引流成功之后，还必须截流。必须设计完美的营销方案，通过利益链条上的各项品类相互形成交叉补贴，从而实现整体盈利。该店铺用"资格卡"作为截流工具。获得资格卡的条件是充值100元，可以获赠100瓶啤酒加 1 台小风扇。啤酒可以提升顾客吃小龙虾的欲望，有"望梅止渴"的效果；电风扇是夏天吃小龙虾时的刚需，有食欲加持的效果。

这样的赠品不仅应景，还非常实惠。100 瓶啤酒的零售价是每瓶 5 元，100 瓶价值 500 元。小风扇的零售价为每台 100 元。两者相加就是 600 元，顾客仅需充值 100 元即可得到，还可以白吃 10 只小龙虾。在这样的心理诱导下，很容易达成充值资格卡。

但只是引导顾客充值是不够的，还要通过赠送的 100 瓶啤酒促进消费。该店铺规定：赠送的 100 瓶啤酒每次用餐最多可开启 10 瓶，超过 10 瓶的需要购买，不足 10 瓶的可以继续留存在资格卡内。也就是说，顾客为了享用这 100 瓶赠送的啤酒，至少需要来店铺消费 10 次。而顾客每次来肯定不能只喝啤酒，还需要有其他消费，店铺的销量自然会上升。而因为顾客有若干瓶待饮用的啤酒保存在这家店里，每次打算吃小龙虾或者吃夜宵时，都会首选这家店铺。再加上这家店铺始终打出的"免费吃小龙虾"的诱惑，每次来都能免费吃到 10 只小龙虾，这样还会去其他家吗？等于给顾客的脚上安装了 GPS，每次都会循迹而来。

更为关键的还不只是对单个顾客的吸引力，而是对顾客群的吸引力。几乎所有人来吃小龙虾都不会是单人独影，需要呼朋唤友结伴而来。被领来的人同样有可能充值办资格卡，因为充值就能得到多出 500 元的利润。朋友的朋友也能继续带来朋友，顾客群的裂变就这样实现了。

在重新设计盈利模式之前，需要厘清一个误区，即不是盈利模式就一定高深莫测，就一定复杂难控。真正好的盈利模式一定是简单的，就像这个免费吃小龙虾的案例，虽非常简单，但非常有效。只是要求经营者必须打开格局，进而打开思维，以结果倒推，通过免费端口引流，再延长利润链条实现内部的交叉补贴。

26. 政策性补贴盈利模式

> 顺势者赢,驭势者独步天下!企业经营者必须能准确解读各项政策,把握时代的趋势,清晰地预见商业发展的趋势。
>
> ——王冲

政策红利是最大的财富风口

> 企业经营者的主要工作是找到行业新的盈利增长点，永远快人一步进行商业布局。我们都知道"迎着风口，猪都能起飞"，风口的重要性不言而喻。但我们总是很难第一时间发现风口，即便感觉到了丝丝微风，也判断不出此风口是否足够将"猪"吹上天。不可否认，发现风口是一件困难的事情，否则就不会那么多人苦于没有机会了。但是，有困难不代表做不到，如果你实在不敢判断哪些是有益风口，哪些是有害风口，我告诉你一个最简单的判断方法，就是跟着国家的政策走。

为什么近几年新能源汽车领域发展如此之快，就是因为政策支持，给了新能源领域极大的政策扶持。蔚来、理想、小鹏都是靠纯能源汽车起家的，短短几年就发展成了汽车大品牌，而比亚迪、吉利、宏光、长城等传统汽车品牌也加入进来，迅速将新能源汽车行业的蛋糕做大。如今中国新能源汽车在世界范围内已经占据领先地位，2023年1月至10月中国新能源乘用车占比全球新能源汽车份额的62%，表现强势。

政策红利就是最大、最稳、最长久的有益风口。当年改革开放的一声号角，吹醒了全国人民走向富裕的决心。南海边画的一个圈，不仅成就了璀璨的深圳，还以带头作用引领了一座座城市的新生。那么，借助政策性补贴搭建起来的盈利模式，也同样会成为最大、最稳、最长久的盈利方式。

第一，政策红利支持，无限蓝海市场。

有了政策红利的支持，就意味着一片前所未有的蓝海就此诞生。企业

26.政策性补贴盈利模式

经营者所要做的,就是运用专业的市场研究体系,结合项目所在地最新相关政策支持,制定合理、有针对性的操作策略,尽最大努力保障项目的整体市场竞争优势。

有一位黑龙江的学员,我叫他"大米哥",通过对政策红利的把握,将原来的小生意迅速做大至二三十亿元的规模。他将黑龙江呼兰县的所有大米都承包了,但这些大米多数都是用来送的,赚不了多少钱。但他却依然赚到了大钱,因为他利用了当地的农业扶贫政策,国家给他每亩耕地620元的补贴,所以他的大米都可以送,而且送得越多,补贴款也就越多。

还有一位新疆的学员,我叫他"大枣哥",他的和田大枣同样是免费吃的,只要成为会员就可以免费吃。和田大枣又大又好吃,只需每年交会员费,这一年便可随便吃和田大枣。他又是赚的什么钱呢?同样来自政策红利。当地有一项农业补贴政策,只要雇用一个新疆本地人,就给雇用者一定的补贴。因此,"大枣哥"只需雇用新疆本地人种地,就可以获得政策补贴。

上述两个案例告诉我们,经营者必须把思路打开,不要总是盯着产品的钱,靠产品赚钱是盈利模式金字塔的最底层。打开思路,用高维打低维。在企业经营过程中,安全第一,现金第二,规模第三,利润第四。按照这个思路,有的时候看起来没有赚到钱,但因为抓住了政策红利,可以赚到比利润更多的钱。

第二,政策就是商机,缺口就是风口。

在培训过程中,我会针对经营不善、不符合整体发展规律的企业,及时运用政策扶持、调研市场、经营建议、运营整改等软性措施和适当硬件支撑,重新将企业带回良性循环的轨道上,保持市场竞争力。

大家应该看到了,政策扶持又是其中非常必要的措施。企业必须紧跟政策导向，才能获得最好的发展。

前几年有个政策，你一定听说过，就是2016年国家全面放开二孩。这个政策是全国性的，影响到所有想要二孩和准备要二孩的家庭，以及与二孩家庭有关联的家庭。这样的政策在懂得抓机会的经营者那里是绝对不会错过的。

一位石家庄的学员（彼时还不是我的学员）在听到这个政策后，第一时间意识到一定会有一波新生儿潮，对社区母婴店的需求也会增加。于是，她此前虽然从未接触过母婴领域，但用了半年时间去各种培训班学习，一边学习母婴知识，一边学习怎么开母婴店，还顺便学习了如何开网店。半年后，她的线下小店开张了，面积只有80多平方米，服务附近几个小区的孕妈妈和新生儿，生意很好。两个月后，线上网店也开张了，因为与政策同步，所售商品也符合妈妈的刚需与品位，因此迅速打开了销路。如今，线下小店已经从小区楼下搬到了市中心，规模扩大了几倍，销售的产品也不再限于母婴品类，给顾客带去体验感的同时，也做到了为线上引流。

其实，二孩政策带来的市场红利远不止母婴用品，还有针对母婴的各种服务，如幼儿园、少儿兴趣班、婴儿游泳馆、小儿推拿、产后修复中心等。各种市场都在二孩政策的刺激下激增，很多人对政策红利抓得很准，不到一年时间经营规模就扩大了数倍。

一个新的政策，很可能促进一个或多个新市场的诞生，或者扩大原有市场的边际与规模。所以，我一直强调，一定要多关注政策信息，这样才能抢先抓住市场先机，当别人没有发现市场机会时，你已经发现了；当别人刚看到市场机会时，你已经行动了；当别人开始行动时，你已经赚到利益了；但别人才开始赚到利益时，你已经准备退场了。这样就做到了，赚最大的利益，规避最大的风险。

26.政策性补贴盈利模式

没有英雄的时代，只有时代的英雄！

抓住产业政策利好，就是抓住时代造富机遇！把握住一个政策风口，普通人将迎来成功逆袭的机会！

那么，当下中国创业投资机遇何在呢？跟着政策走，准没错！

第一，产业振兴，乡村振兴的重中之重。

2023年，中央一号文件如期发布，提出全面推进乡村振兴重点工作。重点是抓紧抓好粮食和重要农产品稳产保供，加强高标准农田建设，做大做强农产品加工流通业，培育乡村新产业新业态。在这样的文件精神之下，至少可以分析出三个发展机遇。

机遇一：建设高标准农田。

中央一号文件提出，将逐步把永久基本农田全部建成高标准农田，同时完成高标准农田新建和改造提升任务。

这一机遇对于做食品产业互联网具有重大指导意义，企业或个人可以参与上游种养建设，也可以参与下游蔬菜供给。在从源头上确保农产品品质和供给稳定的基础上，也帮助农民实现了增产增收。

机遇二：发展预制菜。

在常规的农产品流通环节上，农民种植的农产品卖不上价，另一端的消费者却要吃高价农产品，钱都被中间商赚走了，导致农民的种植热情和消费者的消费体验都不高，说明流通基础设施存在短板，流通载体不够完善。

中央一号文件明确提出，为做大做强农产品加工流通业，提供了实现高效的产销对接的契机。预制菜产业一头连着田间地头，另一头连着大众餐桌，被认为是一、二、三产业融合发展的重要业态。

企业和个人可以深度参与，做强预制菜等农产品的精深加工，通过清洗、分选、烘干、保鲜、包装等系列化流程，实现从"农产品"向"食品"跨越，提升农产品附加值和销售力。

机遇三：推进农产品供应链发展。

农产品从种植到被食用，是一套完整的供应链，如何将这套供应链做大做强，决定了农产品链路上所有接入方的收益。

可以从具备稳定且庞大需求的团餐企业、连锁餐饮、商超等方面考虑，他们是消化农产品的主力军之一，但因以往的供应链缺乏针对性，因而亟须重新设定销售通路。

以乡村振兴为契机，有的企业已经开始以物流运力为支撑，借助冷链物流提升，实现了农产品、预制菜与餐饮渠道的有效嫁接。

第二，消费红利，覆盖更多市场主体。

2023年上半年，我国最终消费对经济增长的贡献率达到77.2%，对经济增长的拉动作用明显增强。同时，我国的政策导向也致力于积极扩大国内需求，发挥消费拉动经济增长的基础性作用。

作为14亿人口的超级大国，长期经济增长必须建立在自身扩大消费的基础上。而衡量一个国家的经济是否高质量发展的重要指标，也是看拉动经济增长的要素结构是否合理。随着我国消费复苏和消费结构升级，消费潜力正在逐步释放。

下面仅以山西省为例，看看消费政策红利中有哪些可以直接或间接转化为企业盈利模式。

延续落实新能源汽车免征车辆购置税政策。同时，加快完善报废机动车回收利用体系，促进汽车循环消费。对年度二手车销售额超过5000万元，当年增速达到 10% 以上，且已备案的二手车企业；对年拆解 5000 台以上的报废机动车回收拆解企业，给予奖励。

> 持续开展家居促销活动。支持家居企业进社区，拓展家电下乡网络。消费者在参与活动的企业门店或电商平台购买家居产品，在实际成交价格的基础上，按一定比例享受一次立减（购买若干件补贴产品，设置补贴上限）。
>
> 推介山西地方特色美食。发布山西美食大全和山西美食旅游路线，全面展示山西餐饮文化的独特魅力。同时，继续开展"品鉴山西美食、晋享山西味道"餐饮品牌推广活动，办好晋菜创新大赛，打造"十大新派晋菜"。
>
> 文旅消费服务提质升级。扩大高等级旅游景区规模，推动智慧旅游公共服务模式创新，大力发展生态旅游、休闲旅游、乡村旅游、红色旅游、赛事旅游等产品业态；优化实施"引客入晋"的旅行社奖励政策，鼓励各市开展门票减免或发放文旅消费券活动，鼓励各景区实施联票优惠政策；深化区域合作，建立与京津冀、豫陕蒙等周边省（区、市）的市场共建与客源互换，利用区域合作新模式，推出一批优惠政策，提升游客消费体验。

以上并非山西省全部消费红利，仅是以一部分为例，来说明加快恢复和扩大消费的政策红利，有利于覆盖更多市场主体。

在此，我留一道考题：大家自己将政策红利中可转化的盈利模式列出来，再结合调研市场和经营实际，分析所列出的盈利模式是否可行。

第三，新能源，未来五年最大的风口。

能源对任何国家都是非常重要的战略物资，我国在大发展的过程中，也建立并建成了自己的能源体系。随着科技的进步，各类新兴能源不断出现，既改变着国家的能源体系，也改变着我们的生活。如今，在我国西部广袤的土地上，光伏已经大范围建设起来，所产生的电能可以供应全国人民的用电量。

国家新能源政策已经明确提出了，将用10年时间再造一个电网。即利用今天的直流远供、特高压等全球领先的技术和能力，再造一张分布式电网，最终目的是实现每个人都能做到自发、自备、自给能源。

这种目的现在听起来好像有点科幻的感觉，但科技的高速发展已经让我们相信，离自发、自备的单体个人能源互联网的时代已经不远了。到时候，生活中的一切设备都有可能变成新能源发电储电设备，可以自己发电和自己储电。电能也将实现智能，用电时能够有效供电，不用电时就可将多余的电能反向运转给有需要用电的地方，从而实现电网均衡。这就是未来10年新能源的基础格局。

可以负责任地说，未来5年到10年内，新能源将面临最大的红利期，会有很多职业因为新能源而消失，同时也会有很多职业因为新能源而兴起，很多人因为新能源实现发家致富。

面对这样的趋势出现，也会涌现出三类巨大红利：其一，传统燃油车辆将全部改成新能源车辆。我国在未来几年会逐渐降低燃油车出售量，直至全部车辆都换成新能源车辆。其二，所有内河航运船只由燃油改为纯电。虽然船只数量远低于汽车数量，但船只的用电量比汽车多很多，因此船只市场空间比汽车要大很多倍，一条船只的改造是20个到30个大型公交车的需求。其三，无人化将彻底到来。在5G的物联网时代，"黑灯"工厂将得到大力发展，所有的港口码头和多数大型工厂都将无人化。因此，在未来的生活体系里面，会有更多的机器人和无人化的设备代替人去做简单重复的工作。那么在这个点上，电池最大的使用场景是机器人和这些无人化的设备。

新能源行业如今虽然还处于草莽阶段，但威力已经开始显现了。当你懂我不懂，你有我没有的时候，当你的硬核产品能够完美地解决别人的痛点时，你就会快速占领市场，成为行业的领军者。

总之，政策是国家提供的公共物品，是企业发展的基础环境。好与坏，全看企业自身的理解能力和努力方向。只有将政策的红利借用好，政策红利的威力才能有效释放，企业发展也将得以充分显现。

合理规划，增加企业财富收益

所有企业都必须进行税务规划，目的是帮助企业在遵守法律规定的前提下，有效地降低税收支出，增加净收入，从而实现利益最大化。

为了实现有效的税务规划，经营者需要深入了解相关的税收法规和政策，在此基础上与专业人士共同建立一套合理的财务体系。在财务体系运行的过程中，企业还应充分利用税收的各项优惠政策，不断调整财务策略，以适应新的法规和政策变化。

因为合理规划税务方面的内容非常多，本节仅从实际案例的角度出发，引导企业明白借助税收政策红利实现企业增收的重要性和常规做法。

第一，借用税收洼地实现税收奖励最大化。

纳税后会得到奖励，通常来讲就是返税。税收奖励就是把地方政府留存的部分，按比例实际返还给企业。

某地一园区缴纳增值税 300 万元，返还地方留存部分 85%，因此可以得到这样的公式：$300 \times 50\% \times 85\% = 127.5$ 万元。300 万元增值税可返还 127.5 万元，返还比例相当可观。这还只是增值税，另外还有企业

所得税同样可以按比例返还。

看到这里,大家可能要问,返税确实很有吸引力,但多久可以返下来?对于这个问题,该园区负责人也曾有过同样的顾虑,如果拖上一年半载甚至更长时间,可能会更糟心。我告诉负责人,既然是国家制定的政策,就是希望能尽快落实到位,让企业能尽快享有,怎么可能拖起来看呢,这种担心大可不必。现实也的确如此,大部分有税收奖励政策的园区都是次月返还,有的园区还实现了次日返还或由平台垫付税金。

这个政策对于一些增值税、企业所得税纳税压力较大的企业非常适用,因此,企业可以通过一些税收洼地园区来做到利益最大化。

第二,减免税额让企业跑出"加速度"。

重庆某物流公司在经营早期,随着国内物流业的快速发展而规模迅速扩大。因为赚得多,所以对税收优惠政策这一块不是很关注,公司负责人认为将主要精力用于大力发展上,什么钱都能赚回来,何必在意税收那点小钱。关于"税收那点小钱"的说法我并非第一次听到,那些处于朝阳产业,且享有国家政策扶持行业的企业的经营者,不少都有这样的想法。但我要说的是,在任何时候,税收都不是小钱,既然是国家政策给予的福利,就应该算在企业的盈利范围之内,怎么能因为"怕麻烦"而不去研究享有呢!

随着物流行业的逐渐企稳,整个行业的发展速度有了减缓,该公司的发展也随之减缓,盈利少了,资金流就没有以往充实了,但公司却到了要随着行业转型而转型的必要时刻,该公司想要建设一个综合性物流园区,又怕现金流不充裕。

我给该公司算了一笔税收账,自2023年1月1日起,物流企业自有或承租的大宗商品仓储设施用地,减按所属土地等级适用税额标准的50%计征城镇土地使用税政策,连续实施五年。该公司预计未来五年仅此项政策就将获得减免税费 430 余万元，这还只是一项政策红利和税收优惠。该公司负责人这才意识到深刻关注国家税费优惠政策的必要性，表示一定将每项优惠政策都在企业财务上落实到位。

目前该公司正在打造一个仓储占地面积为 8.7 万平方米的综合性物流园，预计可驻 100 多家企业。而节省下来的税金也成为该物流园计划得以实施的有力资金保障之一部分。

第三，红利落袋，企业减负，发展提速。

自新冠疫情暴发以来，人们越加意识到了有一个健康身体的重要性，于是健身行业得以快速发展。企业所在行业得以快速发展，自然是令人愉快的，但很多健身公司却因此犯了难。比如云南的一位学员就是开健身房的，以前学员总人数不足 50 人，自 2023 年 4 月以来，新增学员 200 余人，健身场地不够用，需扩大规模。但他害怕这股健身热是暂时的，自己增加投入后，后续发展不给力。

在他向我问计时，我告诉他，后续发展和增加投入这两方面都不用太担心。因为人们的意识已经根本性转变了，拥有健康的身体成为越来越多人的目标，未来健身行业只会越来越好。而且国家税费优惠政策红利在不断释放，尤其是小微企业和个体工商户税费优惠政策延续实施，税费减、免、退三项，足以帮助公司减缓资金压力。

这位学员听从了建议，扩大了规模，经营果然越来越火。截至目前，他们已经成功享受了 4 万元的税收优惠，减免的资金都用到了店面宣传和器材翻新上，环境升级后吸引了更多的客流量。当地税务部门也很关心中小微企业的发展，每当有新税收政策出台，总是第一时间把信息投递到企业。

第四，税惠赋能为企业产品转型升级提供了"金刚钻"。

有着中国"红官窑"之称的醴陵陶瓷已有近 2000 年的历史。如今，传统手工制陶技术转向自动化、智能化生产，智能制造让醴陵绵延千年的窑火烧出了"科技范"。正因为科技的加持，让一些传统手工匠人的制陶作坊升级成了陶制品公司。这种升级不仅意味着陶瓷制作领域的全面转型，还意味着与当代商业经营模式的全面接轨。

很多制陶企业一面要摸索现代生产经营逻辑，一面要研究各种税收政策和福利，通过双管齐下，将企业盈利模式拉升到最高。某瓷业公司成立于2020年，始终处于"双管"摸索状态，为此搞得身心俱疲。该公司负责人对我说："对于我这样的传统手工艺而言，搞现代企业的生产经营已经很不容易了，还要搞税收财务工作，我是真的搞不来。"我给他的建议是"不要自己搞，要请外援"。

企业经营者不懂财务税收方面的事务是常态，所以要请专业会计帮忙梳理企业账务和税务工作，但这仅是一方面，另一方面要建立与当地税务机关的合作关系，请税务工作人员帮忙，推动税费优惠政策从"纸上"落到企业"账上"。

该瓷业公司负责人照做了，节税工作正式走上了正轨，近一年来企业累计享受研发费用加计扣除税收优惠政策90余万元，为企业进一步改进工艺、科技创新注入了动力。

27. 绿色生态盈利模式

商人在这个时代已经不是唯利是图的了,商人和任何一个艺术家、教育家、政治家一样都要承担起社会责任,每一位老板都要有家国情怀,绿水青山是一笔巨大的"隐性财富",我们要爱护好我们的"家园"。

——王冲

绿水青山就是金山银山

绿色经济是一种以资源节约、环境友好和生态保护为导向的经济模式。注重经济增长与环境保护的协调，通过采用新技术、创新和可持续发展策略，实现资源的高效利用和减少环境污染。

> 第一，建设绿色产业链。
>
> 假如某公司在贵州拥有一片50万亩的艾草园，但这批资产却不能更大规模变现，为什么？因为你的思维还停留在把艾草做成艾条，做成"艾类"产品上。我们已经说过，卖产品是盈利模式金字塔的最底层，我们需要升维，脱离卖产品。
>
> 这片艾草园属于绿色生态，这是非常有价值的自然条件。因此，我们要将宣传的重点放在"绿色"上，而不是放在艾草上。艾草有什么吸引力呢，绿色才是更值得开发的。
>
> 现在，我们将产品（艾草）直接变成一种模式，而用户再也不是买艾条和艾灸了，就是变消费行为为投资行为，将成为公司会员看作一次重要的投资机会。

用户交纳5万元会员费，就成了一亩艾草园的园主，同时也就成了发展绿色生态的一分子，并在不知不觉中成了建设绿色产业链的一员。这5万元会员费可以保证每名用户享有6项基本权益，分别是使用权益、收益权益、退本权益、名誉收益、生态收益和扩展收益。

使用权益：即一亩艾草园的 6 年使用权。

收益权益：每年一亩艾草园产生的总收益的 20% 用以营销，另 80% 公司与用户均分，即 40% 的收益归用户所有（保证每年不低于 1 万元的收益）。

退本权益：6 年后由当地银行将用户交纳的 5 万元本金全额退还。

名誉收益：用这 5 万元会员费挂钩一个当地的扶贫名额，提升用户的个人名誉。

生态收益：每年赠送用户 2 人次去贵州省内 4 天 3 夜"绿色生态"观光旅游的机会。

扩展收益：用户可凭借在银行的存款证明和与公司签订的这一亩艾草园的使用权合同，购买的这一亩艾草园，可以在公司指定的银行做抵押、担保、质押、贷款。

如果让用户购买 100 万元的艾草，那么 100 年也用不完，所以艾草制成品价值再高，用户也不可能买。如果让用户投资 100 万元获得 20 亩艾草园，享有如此多的收益，还能参与到绿色生态经营这个非常广阔的经济赛道中，用户就会同意。

在这种盈利模式中，除了用户收益多多外，公司又能赚什么钱呢？

首先，赚到土地差价。公司从当地大批量买来这 50 万亩艾草园 70 年的使用权，平均一亩地一年只需花费几百元，有的甚至更低。但现在改头换面成为艾草园后，一亩能卖出 5 万元，且只给 6 年的使用权，平均一亩地一年需 8000 多元，对比售卖价翻了几十倍。

其次，赚到产品收益。一亩艾草园的收益，除去 20% 的收益做营销费用外，剩余 80% 的收益是公司与用户均分，这就是产品收益。

再次，赚到农业观光拉动消费的补贴。赠送用户 4 天 3 夜的观光旅游，用户享受贵州当地的好山好水好风光，好吃好喝好玩就等于把消费留在当地。公司每次组织的农业观光都会召集一定的人数，且这些用户最少都给当地投资了5万元，都存在当地银行里，并且这些用户还能给贵州当地的绿色生态起到宣传带动作用。鉴于以上种种，公司就有机会享受当地的一些优惠补贴政策。

最后，赚到股权增值。公司有50万亩艾草园，一亩卖5万元，且6年到期后能循环继续卖钱。那么，该公司就将这块地增值至250亿元了，比以往未开发时翻了数倍，公司价值也跟着翻了数倍。当然，这50万亩艾草园不可能只种植艾草，一定还有其他经济作物，丰富经济作物种类，并且做到纯天然、无公害，才更能体现绿色生态的概念。

以上用户的各种权益加上用户的各类收益，就形成了完整的绿色产业链。从最底层的产品利益模式升级成为最高级的产业链利益模式，避免了产品同质化和模式死胡同。现在你是不是也在思考，将自己的项目也融进产业链中，以此吸引更多的人参与进来？

第二，建立绿色发展综合体。

一位学员承包了一片茶山，位于广东省南部一个拥有丰富自然资源和生态优势的山区。学员介绍，那里具有得天独厚的自然资源，森林覆盖率达85%以上，同时拥有丰富的矿产、淡水和动植物资源。他的茶山发展理念紧贴国家号召，即"绿水青山就是金山银山"，致力于发展绿色经济。

设想得很美好，但具体应该如何发展却犯了难。这次他专程来找我，就是要探讨发展茶山的事宜。在看过他带过来的关于茶山周边环境的详细介绍和当地政府对于相关项目的扶持政策后，我们确认了发展绿色经济的理念。关于茶山的盈利模式，共设计为四个部分，均围绕绿色理念展开，最终要将茶山打造成一个以"绿色"为核心的发展综合体。

第一部分：绿色农业。

发展以茶、竹、木、水等资源为主，打造有机农业、生态养殖和特色种植的绿色农业体系，通过有机茶叶、竹产品、木材和特色农产品带动当地农民增收。

此部分的盈利模式建议：其一，对绿色农业项目给予资金支持，用于购买种子、有机肥料等生态养殖所需资金。其二，鼓励社会资金投资绿色农业项目，以带动茶山绿色经济的发展。

第二部分：绿色旅游。

茶山地区不仅自然景观优美，空气、淡水都符合高质量环保标准，具有极高的旅游价值。发展生态旅游，可以实现茶山资源的深度开发，提高当地经济收益。

此部分的盈利模式建议：其一，对生态旅游项目给予资金支持，用于搭建景区设施、购买旅游设备、购置旅游大巴等旅游服务设施。其二，打造茶山特色旅游品牌，提高茶山知名度，实现对自然资源的有偿使用和有效利用的双盈利模式，促进旅游业的快速发展。

第三部分：绿色建筑。

为配合绿色农业和绿色旅游的发展，必须同时发展绿色建筑，推广绿色建筑材料，提高建筑材料的安全性，同时降低建筑材料生产过程中和建筑整体使用过程中的碳排放，以节能建筑、装配式建筑起到减少建筑能耗和环境污染的作用。

此部分的盈利模式建议：其一，对绿色建筑项目给予资金支持，用于就地取材生产或直接购买绿色建材，开展绿色建筑技术研究等。其二，打造绿色建筑发展体系，着力推广装配式建筑、节能建筑等，推动绿色建筑产业的发展。

第四部分：绿色服务。

为了让绿色农业、绿色旅游、绿色建筑得到有序发展，必须同时提高绿色服务的质量和范围，不仅包括服务业的常规业务，还包括金融、法律、咨询等外围服务业。这些服务业的共同加持，有助于提高茶山的经济收益，促进产业升级。

此部分的盈利模式建议：其一，对绿色服务项目给予资金支持，用于购进提高服务质量和范围所必需的智能设备。其二，设立绿色服务发展基金，同时鼓励社会资金投资绿色服务项目，以达到雄厚资金提高服务业效率的目的。

未来最赚钱的绿色赛道

如今，绿色发展理念不断深入人心，传统产业绿色升级改造需求和绿色消费需求，将催生一个规模巨大的绿色市场。

绿色发展是可持续的发展，只有把绿色发展的底色铺好，才能为构建绿色低碳循环经济体系提供有力的支撑，我国在这方面的潜力相当大，可以形成很多新的经济增长点，同时也就形成了通往未来的绿色赛道。可以预见，未来我国经济发展的"含绿量"还将稳步提升。

第一，"双碳"赛道。

碳中和和碳达峰是我国制定的"双碳"目标。

所谓碳达峰，是指在某一个时点，二氧化碳的排放不再增长达到峰值，之后逐步回落。我国承诺2030年前，二氧化碳的排放不再增长，达到峰值之后逐步降低。

所谓碳中和，是指国家、企业、产品、活动或个人在一定时间内直接或间接产生的二氧化碳或温室气体排放总量，通过植树造林、节能减排等形式，以抵消自身产生的二氧化碳或温室气体排放量，实现正负抵消，达到相对"零排放"。我国承诺2060年实现碳中和，任务重、时间紧。

27.绿色生态盈利模式

为了实现"双碳"达标，中国计划将在未来 40 年的时间里投资 600 万亿元。这是中国最伟大的投资计划，比"一带一路"的总投资额要大得多。

为什么说这是最伟大的计划呢？我国当前一年的 GDP 总量是 100 万亿元，未来 40 年就要投资 600 万亿元以实现碳达峰、碳中和目标。这是多么巨大的投入量！

2023 年 3 月 5 日，政府工作报告中明确提出"稳步推进节能降碳"。要求统筹能源安全稳定供应和绿色低碳发展，科学有序推进碳达峰、碳中和。优化能源结构，实现超低排放的煤电机组超过 10.5 亿千瓦，可再生能源装机规模由 6.5 亿千瓦增至 12 亿千瓦以上，清洁能源消费占比由 20.8% 上升到 25% 以上。

很多政策信号都提示我们，这一赛道蕴含了很多投资机会。碳中和包含各种"能"，如光能、水能、电能、风能、数字能源……相关的产业配套就更多了，都是碳中和这个总的大赛道里面的一个个巨大的商业机会。

当前，很多投资者都在关注相关概念的股票。像能源领域，无论是需求侧还是供给侧，都存在较大的机会。在能源供给侧方面，未来光伏、风电和水电行业迎来历史性机遇，同时发展非电力行业也是重中之重。

为了将实现碳达峰和碳中和的目标落到实处，并将原初的工作做到位，2021 年 7 月 16 日，全国碳排放权交易市场开市。

在排放总量控制的前提下，包括二氧化碳在内的温室气体排放权成为一种稀缺资源，从而具备了商品属性。碳交易就是一种以减少温室气体排放为目的的交易方式，也称为"碳市场"。在这个市场中，企业可以进行买卖碳排放配额的交易，实现经济效益与环境保护的双赢。因为，企业参与碳中和，是为了实现碳交易，因为碳交易可以让企业实现利润最大化。

碳交易的盈利机会来自减排成本差异。结合在碳排放配额市场，可以分为碳配额交易和核证自愿减排量（CCER）两种：碳配额交易是指减排成本较低的企业通过碳交易，将减排额度出售给减排成本较高的企业，从而获得盈利。一些排控企业则通过减排技术降低自身的减排成本，减少碳交易成本，提高盈利能力。核证自愿减排量是指非排控企业通过技术减排、节能改造和开发林业碳等方式，经国家核证，将获得的碳资产通过碳交易市场交易。

此外，碳交易的盈利机会还来自市场波动。因为碳交易的价格受到如政策变化、经济发展、能源价格等因素的影响。企业可通过分析这些因素，合理预测碳市场价格，进行买卖操作，从中获利。

碳交易作为一种市场机制，在为参与者带来盈利机会的同时，也促进了企业之间的环保竞争，增强了企业的绿色意识与公益形象。

第二，生态农业赛道。

消费升级的到来，让消费者对安全农产品、生态农产品的需求比重逐年增加。生态农业模式已经获得了市场认可，生态农业也已成为全新的财富聚集地。生态农业的主要盈利模式有以下几种。

一是"种养结合"生态农业模式。 以将种植与养殖融合发展的理念切入，结合传统种植、养殖方式，形成渔光互补、稻虾共生、稻鱼共养、稻鸭共育、桑基水田等多种生态种养模式。这种高效结合需充分利用环境各部分的不同属性和所涉及农作物及养殖物生存所需要的特定环境，在相同面积的土地上发挥最大效益，达到良性的环境保护效果和经济效果。

二是旅游生态农业模式。 以市场为导向，以生态农业为基础，以休闲养生为目标，积极探索农牧结合、农游平衡的生态模式，强化农业的观光、休闲、教育和自然等多功能特征，为不同社会人群提供精品化、生态化、特色化、多样化的特色旅游项目，形成具有第三产业特征的一种新的农业生产经营形式。

三是技术生态农业模式。 生态农业企业可以提供技术培训、咨询服务等方式，向其他农业企业或农民提供农业技术服务，从而获取收益。这些技术包括有机农业的种植技术、生物防治技术、精准施肥技术等。例如，通过以有机肥料全部或部分替代化学肥料（无机营养液）、以生物防治和物理防治措施为主要手段进行病虫害防治、以动植物的共生互补良性循环等技术促进农产品的原生态培育。

四是"互联网+"生态农业模式。利用互联网将农产品与消费者连接在一起，实现实时的、对接式的一对一订单服务。借助生态种植循环系统，让消费者对产品品质和来源进行全程化监督和管理。并通过为所有农产品打上"身份证"的溯源体系，让消费者了解农产品信息，提升对农产品的信任度。

五是休闲生态农业模式。主要面向城市对生态农业有需求的群体，是一种内涵式农业发展模式。基于都市农业与生态农业的结合，把种植地从乡村搬入城市，建设成为一块块具备产业结构合理、特色鲜明的可持续发展的方寸田地。

六是环境保护与修复生态农业模式。生态农业的发展与生态环境的保护和修复密切相关。在生态农业的生产过程中，需要注重土壤保护、水资源保护、生物多样性保护等方面。同时，对于已经遭受破坏的生态系统，可以通过生态修复的方式来恢复其功能。在这个过程中，生态农业企业可以从中获取经济收益。比如，通过植树造林、水域治理、土壤修复等方式，改善生态环境质量，从而获取政策方面或相关企业的资金支持。

以上这些生态农业模式需要结合生态农业、循环农业，切入生产、经营、渠道等农业全产业链模式，同时嫁接互联网、旅游、医疗、养老等要求，努力打造多元化可持续发展的平台，并形成完整的"生态农业+"模式。

第三，绿色餐饮赛道。

随着人们对健康的重视程度不断提高，健康餐饮正在逐渐兴起。绿色餐饮企业可以通过提供营养均衡、低油低盐低糖的菜品，以及采用更加健康的烹饪方式，来满足消费者对健康餐饮的需求。

因为消费者对有机、环保食材的需求不断增加，绿色餐饮企业可以抓住这一机遇，与有机、环保食材供应商建立合作关系，采购高质量的原材料，并将有机、环保食材融入菜品中，满足消费者的需求。同时，绿色餐饮企业还可以通过宣传自己的环保理念和食材来源，提高消费者对企业的信任度和认可度。

互联网技术的不断发展也为绿色餐饮企业提供了优化食材供应链的机会。通过互联网平台和物流配送系统，绿色餐饮企业可以实现食材采购、库存管理、订单处理等环节的智能化和高效化。同时，还可以通过大数据分析预测市场需求和消费者喜好，优化菜品研发和推广策略，提高企业的运营效率和盈利能力。

智能餐厅和无人配送是绿色餐饮领域的两个重要发展方向。通过引入智能化设备和无人配送技术，绿色餐饮企业可以实现餐厅运营和配送服务的自动化和智能化，提高服务效率和客户体验。同时，还可以通过大数据分析和人工智能技术来优化餐厅布局、菜单设计和服务流程等环节，提高企业的竞争力和市场占有率。

随着环保意识的提高，消费者对绿色包装和可持续消费的需求也在不断增加。绿色餐饮企业可以采取环保包装材料和技术，减少包装废弃物的产生和对环境的污染。同时，还可以推广可重复使用的餐具和容器，以及开展回收和再利用工作，减少资源浪费和环境污染。

在餐饮行业中，绿色餐饮正逐渐成为主流，未来将会有更多的消费者选择环保、健康、可持续的餐饮方式。未来，随着消费者对绿色餐饮的需求不断增加，以及国家对环保和可持续发展的重视，绿色餐饮行业将会迎来更多的发展机遇。

第四，其他绿色赛道。

未来经济发展的绿色赛道还体现在其他几个方面，因为绿色环保是一个相当庞大的综合范围，我们不能每一个都详细阐述，以下作简单概述。

循环经济赛道：在资源有限的前提下，循环经济模式注重资源的有效利用和减少浪费。包括废旧物品回收、再利用，能源的梯级利用，以及可持续消费等方面。例如，一家公司采用可再生能源供电，同时回收和处理废旧电子产品，将废弃物转化为再生资源，不仅减少了能源消耗和环境污染，还降低了企业的生产成本。

环保科技赛道：通过环保科技的研究和应用，提高环境保护的效率和质量。包括环保材料、节能技术、清洁能源、废弃物处理等方面的研究和应用。例如，一家公司开发了一种新型环保涂料，可有效降低建筑物表面的温度，减少空调等设备的能耗，同时减少温室气体排放，提高了经济效益和社会效益。

清洁能源赛道：以可再生能源和高效能源为主的能源开发和利用方式，旨在减少对环境的影响并促进可持续发展。包括太阳能、风能、水能、地热能等清洁能源的开发和利用。例如，一家公司安装了太阳能电池板，利用太阳能发电，每天可以减少约 30% 的电费支出，同时也可以减少对传统能源的依赖，为环保事业作出贡献。

绿色建筑赛道：注重环保、节能、可持续的建筑设计和建造方式。包括绿色建筑材料、节能技术、可再生能源等方面的应用和研究。例如，一栋新办公楼采用太阳能供电，同时采用高效节能设备和绿色建筑材料，实现零碳排放和低能耗运行，同时提高建筑的使用舒适度和市场价值。

> 绿色金融赛道：以可持续发展为目标，将环保、节能、绿色产业等因素纳入金融领域的投资和风险管理。包括绿色信贷、绿色债券、绿色基金等方面的金融产品和服务。例如，某银行推出了一款绿色理财产品，主要投资于环保产业和绿色项目，为这些项目提供资金支持，同时也为投资者提供了环保投资的机会。

总的来说，未来经济发展的绿色赛道包括"双碳"赛道、生态农业赛道、绿色餐饮赛道，以及本节所提到的五种赛道。不可否认，随着时代的不断发展，与绿色有关的新赛道还会继续出现。这些领域的发展将有助于实现经济的可持续发展，同时也符合当前全球对环境保护的共同期望。